High Probability® Selling

Re-invents the Selling Process™

売り込まなくても売れる!

説得いらずの
高確率セールス

ジャック・ワース
ニコラス・E・ルーベン
坂本希久子 訳　神田昌典 監修

フォレスト出版

HIGH PROBABILITY SELLING

By Jacques Werth & Nicholas E. Ruben

はじめに

セールストレーニングはなぜうまくいかないのか？

せっかくセールストレーニングの講習やセミナーに参加しても、成果が長続きしないのはなぜか？　なぜ現代のセールストレーニングは腕のいいセールスパーソンを育てられないのだろうか？

なぜセールストレーニングの講習やセミナーはモチベーション（動機づけ）の心理学に多くの時間を割くのだろうか？　なぜモチベーショントレーニング受講者のなかで一番多いのがセールスパーソンなのか？　次に多いのが軍隊なのは偶然の一致だろうか？　セールスと軍隊にどんな共通点があってモチベーショントレーニングを必要とするのだろうか？　仕事のために、とモチベーションセミナーに参加する大工や技師、公認会計士や獣医が果たしてどれだけいるだろうか？

いつことわられるかと年中ビクビクし、仕事ギライが当たり前のような職業がほかにどれだけあるだろうか？　セールス業界に入った人のおよそ八〇％が数年で去っていくのはなぜだろう？　なぜこんなに多くの人が仕事をしながら「身動きできない」あるいは「燃え尽きた」と感じるのだろうか？

なぜ人はセールスパーソンを避けようとするのだろうか？

セールスがもともとそういうものなのかもしれない。だが、セールスの方法自体に決定的な誤りがあるとは言えないだろうか？　セールスは《説得の技術である》という考えがそもそも時代錯誤《じだいさくご》なのではないだろうか？

欲しくないと思っているものを強引に買わせることはもはや不毛の行為ということはないだろうか？

セールスといえば言葉巧みな勧誘や押し売りだった時代は終わった。一方的なプレッシャーは逆に摩擦やストレスを引き起こす。そこでわれわれは、従来のセールス方法を一新させることにした。

すべてが一変した。あらゆるルールが変わった。もうだれもことわられることにビクビクしていない。抵抗されることもなくなった。信頼と敬意にもとづく人間関係が自然に芽生えてきた。

【高確率セールス】は自尊心を生む。セールスパーソンは自分の価値観に沿って行動し、ただの人である時と、セールスをしている時で人格を変える必要はなくなった。

【高確率セールス】の訓練を受けたセールスパーソンは、相手も自分も満足する《双方向のビジネスを行う下地》があるかどうかを見きわめられるようになる。もちろん相手を操るような作為的なテクニックなど必要としない。

【高確率セールス】は今までのセールステクニックの亜流でも改良版でもない。セールスパーソンが毅然《きぜん》とした態度でセールスをすることができ、なおかつ素晴らしい実績をあげることを可能にする新しいパラダイム（思考の枠組み）である。

【高確率セールス】を身に付けることで、萎縮《いしゅく》し、下を向いていたセールスパーソンたちは、顔を上げて堂々と自分の人生を歩きはじめるのだ。

売り込まなくても売れる！

――説得いらずの高確率セールス――

目次

メモ

サム・イーストマンが【高確率セールス】をＯＪＴ（実地訓練）で習得する、という話はフィクションである。ただし、多くのトップ・セールスパーソンが、【高確率セールス】を習得したときの経験をそっくりそのまま再現したものでもある。【高確率セールス】がなぜ、どのように有効なのか、本書を読むことでそのプロセスの全貌がご理解いただけるはずだ。舞台としてパッケージ産業を選んだことに特別な理由はない。【高確率セールス】はあらゆる商品、あらゆるサービスに適している。

本書はいわゆるハウツーものや、総合テキストとして書かれたものではない。本書を読むだけで【高確率セールス】を習得する人もいるが、そう簡単なことではない。【高確率セールス】を身に付けるには、本書を熟読し、トレーニングを通じて高度な対話訓練を積み重ねること、とにかく仕事を楽しもう、仕事がデキる人間になろうという《欲張りな願い》を持つことが不可欠だ。

【高確率セールス】はセールス専用のテクニックには収まらない。弁護士、不動産業、コンサルタントやイベント業者など、仕事上、「商品やサービス」を扱うすべての人に役立つ。

序章

まったく新しいセールスパラダイム

【高確率セールス】の講習初日、受講者はセールスについて問われる。しばらく様子うかがいの反応が続いたあと、一気に本音がでてくる。典型的な例を次にあげてみよう。

1　「セールス」とは何ですか？

最初の反応は教科書どおり、「不足を満たすこと。サービスを提供すること。利益を示すこと。説得の技術」など。

2　セールスするときの目標は何ですか？

「見込み客に買わせる、金を儲ける、契約をまとめる」。結局「見込み客に買わせる」ことにつきる、と全員の意見が一致する。

3　見込み客に買わせるためにあなたは何をしますか？

このあたりから話がおもしろくなってくる。

最初はまず、「相手に商品についての知識や情報を与える。よいサービスを約束する。相手の情報を得る。自分あるいは自分の会社と契約した際の利点を指摘する」などがあがる。

その後やや格調が落ちはじめ、「押しつける。プレッシャーをかける。ライバル社をこきおろす。味方のフリをする」など。

4　見込み客に買わせるために今後あなたは何をしようと思いますか？

ここで話が一挙にくずれる。

必ず「どんなことでもやる」、「何がなんでも」と叫ぶ人が出て、あとはとどまるところを知らない。

「おどす。拝みたおす。ごまかす」

「大げさに言う（そのうち嘘をつき始める）。不誠実なこと、いい加減なことを言う（お客さんが好きです、あなたのことが知りたいです、というフリをする、必要とあらばほめる）」

「ペコペコとおべっかを使い、いつでもお役に立ちますと請け合い、人格まで変える。相手がなれというものになる」

5　セールスされているとき客はどう感じますか？

このころにはセールスの本質が浮かびあがる。

「抵抗する。疑う。腹を立てる。おびえる。混乱する。敵意を抱く」

「バカ扱いされている。押しつけられている。追いつめられている。心細い。いじめられている気分」

セールスの過程を楽しむ客もいると言う人もたまにいるが、ほかの受講者から冷たい視線を浴びるのがオチだ。

6 セールスしているときにあなたはどう感じますか?

「まるで自分がセールスをされている客のような気分。ビクビクしている。心細い。頭を下げてばかりいる。悪いことをしている。自尊心がない。こんなにがんばっているのにと思い、いじめられている気分。踏みにじられた感じ。希望を失う。クヨクヨする。腹を立てる。うんざりする」

売っていると気分がよくなるという少数派もいるが、講習の進行と同時にほとんどは意見を撤回する。

7 売れなかったときにあなたはどう感じますか?

「みじめな気分。傷つく。はねつけられた感じ。ムカムカする。失敗した気分。腹が立つ」

8　売上げがないまま一日が終わるとき、あなたはどう感じますか？

「〝負けた〟と感じる。もう少しマシな仕事はないかと思う。傷つく。ストレスがたまる。うちひしがれる。憔悴《しょうすい》する」

9　世間では、セールスパーソンは信用されているでしょうか、されていないでしょうか？

（わざわざ聞くような質問だろうかという顔で）受講者はたいがい苦笑して答える。「信用されていない。当然」

10　何が販売抵抗を引き起こすのでしょうか？

参加者はたいてい販売抵抗の原因をいくつも挙げる。「プレッシャー、過去の経験、うさんくささ、拝みたおし戦術」。そして最後にだれかが言う、「売ること」。

売ること自体が抵抗を引き起こすから販売抵抗と呼ばれるのだ。そして売るというねらいを隠そうとすると抵抗はさらに強くなる。

ここで明らかになるのは、セールスは売り手にとっても買い手にとっても《痛みをともなう》やっかいな作業だということだ。何が原因でそうなるのだろう？

それは今のパラダイムでは《相手に買わせる》ことがセールスの目的になっているためだ。セールスとは、相手に本来するつもりがなかった何かを「させる」ことであり、無理に誘い説得し圧力をかけるということまで含めた、《買わせるための行為》のすべてを意味する。このようなアプローチを時代錯誤《じだいさくご》の「伝統的セールス」パラダイムと呼ぶ。

しかし人は無理強いされると気づいたとたんに反発し、反射的に身を守ろうとする。こうして抵抗や疑い、敵意が生まれる。「伝統的セールス」は、どんなにとりつくろっても狩人と獲物の関係である。

魚は水というパラダイムの中に存在する。いつも変わらずそこにあるので、魚は水を意識していない。「水が無い」という状況はありえない。魚がどう動き、何を食べ、どう呼吸し、何をしようと魚のまわりの宇宙を形づくっているのは水なのだ。

セールスにたずさわる人々にとって「伝統的セールス」は、魚に対する水のようなものである。

▼パラダイムとは何か？

人はパラダイムのことを考えない。パラダイムとはただそこにあるものだ。人の考え方や行動を左右し、可能性の限界も決める。パラダイムは人が情報を受けとる際のフィルターないしレンズ、外の世界を見るときに無意識にのぞいている窓である。

次にそのパラダイムがシフトする例をいくつか挙げてみよう。

◎平らな地球と丸い地球

かつて人々は「地球は平らである」というパラダイムのなかで暮らしていた。地球が平らかどうかを問う人はいなかった。地球はただ平らだった。そして「地球は平らである」というパラダイムは人々の思考や行動を定めた。このパラダイムのせいで世界探検は最低限必要な範囲だけにとどめられ、可能性も実現の方法も限定された。

そして、あるとき「地球は丸い」ということが証明された。

突然ルールが変わった。船で西へ西へと行けば、出発したところに戻ってくることができる。すべてが変わった。地理学の概念は逆転し、新たな疑問がわき起こった。たとえば、地球が丸いのなら、人はなぜ落ちないのだろう？と。

◎蒸気と病原菌

昔、医薬の専門家は、病気は空気中の悪い蒸気によって起こるという立場をとっていた。それが診断や治療をふくむすべての医療の前提だった。

後になって、病気の原因は細菌と呼ばれる目に見えない微生物だという説が出たとき、医学界は抵抗し、敵意さえ生まれた。

最終的に細菌説が実証されたとたん、すべての秩序が一変した。新しいパラダイムのなかでは、熟練の医師も素人同然だった。

◎ニュートンの物理学と相対性理論

長い年月にわたってニュートンの物理学が科学的な理論と探求の土台だった。

アインシュタインが相対性理論およびエネルギーと質量の等価原理を考え出すと、宇宙に対する見方が根本から変わった。時間は相対的で空間は湾曲することがわかったのだ。

郵便はがき

料金受取人払

牛込局承認

2304

差出有効期限
平成15年4月
30日まで

162-8790

東京都新宿区新小川町3-26

フォレスト出版株式会社
愛読者カード係

フリガナ お名前	年齢　　　歳 性別（ 男・女 ）
ご住所　〒 ☎　（　　）　　FAX　（　　）	
ご職業	役職
ご勤務先または学校名	
Eメールアドレス メールによる新刊案内をお送り致します。ご希望されない場合は空欄のままで結構です。	

フォレスト出版　愛読者カード

ご購読ありがとうございます。今後の出版物の資料とさせていただきますので、下記の設問にお答えください。ご協力をお願い申し上げます。

●ご購入図書名　「　　　　　　　　　　　　　　　　　」

●お買い上げ書店名「　　　　　　　　　　　　　　　　」書店

●お買い求めの動機は？

1．著者が好きだから　　　2．タイトルがよかったから

3．装丁がよかったから　　4．人にすすめられて

5．新聞・雑誌の広告で（掲載紙誌名　　　　　　　　　）

6．その他（　　　　　　　　　　　　　　　　　　　　）

●ご購読されている新聞・雑誌は？

（　　　　　　　　　　　　　　　　　　　　　　　　　）

●今後お読みになりたい著者、テーマ等をお聞かせください。

（　　　　　　　　　　　　　　　　　　　　　　　　　）

●本書についてのご意見・ご感想をお聞かせください。

▼いくつかの考察

新しいパラダイムは既存のパラダイムの論理の延長線上にあるものではない。直観の飛躍というべきものである。

「丸い地球」は「平らな地球」の論理からは導き出せない。蒸気が細菌に変化することもない。相対性理論は、ニュートンの法則からは派生しない。

今日にいたるまで、セールスパーソンの目標は《見込み客に買わせる》ことである、という前提（パラダイム）を疑う人はいなかった。

実際、通常人の目にふれないパラダイムが検証されることはほとんどない。しかしパラダイムは人々の行動を規制し、限定する。その結果、セールステクニックを磨くには、客をその気にさせ、反発から生じる壁を乗り越える方法に改良を重ねるしかないと思われていた。

▼高確率セールス

【高確率セールス】はセールスの新しいパラダイムである。

【高確率セールス】では、パラダイムが「客に買わせる」ことから、《双方向のビジネスの下地があるかどうかを見る》ことにシフトする。

これまで述べてきたように、パラダイムがシフトすると、それにともなってすべてが一変する。既存のパラダイムを新しいものに置き換えるときは、何もかも徹底的に洗い直さなければならない。これまでの大前提およびそこから生まれたアイデアや結論を、ことごとく破壊することになる。それはきわめて危うい、不安に満ちた作業である。

新しいパラダイムは古いパラダイムにおさまりきらず、古いパラダイムを無効にすることも多い。だから人は新しいパラダイムをもてあましてしまう。

かつては、新しいパラダイムの支持者は火あぶりと決まっていた。現代では徹底したバッシングを覚悟しなければならない。

本書を読むために、セールスについての《先入観をいったん忘れて》もらいたい。

本書に書かれていることをすでに知っている知識（信念）の色メガネで見てはいけない。固定観念はいったんわきに置いて読む。

今までのやり方は古いパラダイムでは通用しても、新しいパラダイムでは秩序そのものが異なるのだから。

次に紹介するのは、頭の回転が速く、意欲もあるのに伸び悩んだあるセールスパーソンが【高確率セールス】のテクニックを習得する話である。

本書の主な登場人物

サム・イーストマン（サム）

本書の主人公。セールスの道をあきらめかけていたころWPCに入社し、【高確率セールス】を身に付けるためVPについてトレーニングを始める……まっすぐな29歳

ビクター・プレストン（VP）

サムの師匠であり【高確率セールス】の達人。さまざまな実践を通してサムをトップ・セールスパーソンへと導く……意外と物腰やわらかな40代前半

アン・カウフマン（アン）

サムが初めてVPの営業に同行するときの取引先のバイヤー……勝ち気な30代後半

プロダクトマネジャー（PM）

アンと同じ会社のプロダクトマネジャー……仕事一筋な40代後半

スー・グリーン（スー）

サムの同僚でかなりのやり手。いろいろとアドバイスをくれる……リアリストな20代後半

チャック・ライリー（CR）

ターゲット・ブランド社のパッケージ担当……こわもてな30代後半

トム・マーチャント（トム）

EGP社の仕入マネジャー。芸大出身の元デザイン系アーティスト……さわやかな40代後半

第1章

ゼロからの再スタート

サム・イーストマンがセールスを志して五年になる。それまでは美術関係の仕事を経て中規模のパッケージ製造会社の印刷部門で働いていた。まだ生産の現場にいるときに、同じ会社のセールスマネジャーが彼の野心としゃべりの才能に注目し、営業をやってみないかともちかけた。

サムはセールス部門がかかげる収入の額にひかれて承諾した。

彼は自分が「人好きのするタイプ」だと思っていたので、セールスも楽しめるだろうと思っていた。しかし残念ながら、期待したほどの結果ではなかった。

セールス部門の一二人中、サムの成績は平均を下回り、やがて彼は不満を感じるようになった。以前は何をしても人より優秀だったのに、営業に二、三年いる間に彼は「燃え尽き」たように感じた。相手に契約を迫る時に経験する、あの強烈な不快感のためにそんなふうに感じるのだと彼は考えた。

「燃え尽き」を忘れられるのは、モチベーションを高めるセミナーを受講した直後の二、三日間だけだった。そこで彼はモチベーションテープを買って車の中で聞いた。テープは彼の気持ちをふるい立たせる効果はあったようだが、しだいに目新しさが薄れていくとまたもとのもくあみだった。

サムは顧客をとても大事にした。しかし問題は、顧客の数が少ないことだった。飛びこみで新規の客を開拓するのは、一番苦手だった。ほとんど成果が上がらなかったからである。

「もっと積極的に売り込め、もっともっと押しが強くならないといけない！」とセールスマネジャーには言われた。統括マネジャーからは「クロージングの詰めが甘いぞ、もっとがんばれ」とも言われた。

セールス部門は彼を、「訪問拒否」症や「拒絶恐怖」症に効くとされている別の研修プログラムに参加させた。しかしその症状が変わった様子はなかった。一、二週間の間は気力充実しているが、そのあとはふたたびもとの状態にもどってしまう。

初めは新鮮に見えたことも、実は古い材料の焼き直しだった。

セールスマネジャーは、三人のトップ・セールスパーソンの売り込みにサムを同行させた。彼は黙って同席し、じっと耳を傾けたが、彼らのやり方と自分のやり方との間に大きな違いがあるとは思えなかった。

最初の一人は、派手で色あざやかな資料をひろげ、相手の目をとらえて一気に話す方法をとった。二人めはユーモアセンス抜群の社交家タイプでそれを自分のスタイルにしていた。三人めは信じがたいほど強引だった。

三人とも、圧倒的な《押しの強さ》で自社のパッケージ製品とサービスのデモンストレーションを行った。客の横やりや反論のスキを与えずに商品説明を行い、最後までやりきった（サムにはできなかった）。おおかたは三人が彼よりずっと神経が図太いということらしかった。

しかしこの三人のトップ・セールスパーソンでさえ、自分たちも「いつも強気、前向き、アグレッシブでいられるわけではないんだ」、と言った。「商品紹介の途中で客が怒りだしたり、まったく反応してくれない場合もあるからね」、と。

三人ともがこう言い切った。

「セールスは数のゲームだ。外へ出て、とにかく回数多く売り込み、日々ベストをつくしていれば、それなりの結果は出るものだ。その上で自分のスタイルをもち、反論パターンに対処する方法を身に付ければ、契約率は上がる。強力なクロージングのテクニックを五、六個覚え、常時それを使えばますますアップする。それがセールスだよ！」

問題は、サムがすでにそれを知っていることだった。

次第に彼は、自分にはそもそも才能がないのかもしれない、セールスをやめて生産部門へ戻ったほうがよいのではないかと迷いはじめた。

しかし生産部門では自分が求めているような収入は得られない。思い余って、ついにパッケージ業界専門の求人カウンセラーのもとに相談に行った。彼女はサムに対して、セールスをあきらめる前に、ラップアラウンド・パッケージング社（ＷＰＣ）のセールス職に応募してみてはどうかと勧めた。

サムは、とりあえず試してみても損はない、と思って、面接の申し込みをした。

ＷＰＣのアシスタント・セールスマネジャーとの予備面接で、「性格プロフィール」とＷＰＣのセールスアプローチへの適性を診断する筆記テストを受けてもらえないか、と尋ねられた。彼は承諾してテストを受けた。

数日後に電話があって、セールス部門の上司との面接に来てほしいといわれた。テストのスコアが大変よかったので、彼を訓練生として見込みがあると考えている、とのことだった。

予備面接でアシスタント・セールスマネジャーは、もし採用になった場合、「わが社の」セールスを習得してもらう、ということを強調した。サムが「わが社の」セールスとは何ですかと尋ねると、彼女は【高確率セールス】について少し説明してくれた。

ＷＰＣが売ろうとしているものを必要とし、希望している顧客に対してだけ、エネルギーを使うことを学んでほしい。【高確率セールス】を習得するのは容易ではない。特にセールスについてすでにもっている固定観念を捨てるのはほんとうに大変だ、とのことだった。

「でもね」と彼女は言った。「経済的な意味でも気持ちの負担のうえでも、見返りを考えれば十分努力には値するわ。仕事を楽しみながら高収入を得るチャンスよ」、と。

話がうますぎてサムが半信半疑だったのも無理はなかった。

しかしたとえ大げさに言っているとしても、少なくともセールスについて新しいことを学ぶ以外に彼に残された道はなかった。今までの経験から言って【高確率セールス】もよくあるセールス心理学の焼き直しではないかという気もした。

しかしアシスタント・セールスマネジャーから、【高確率セールス】の習得に関わるもっとも重要な基準は他人への《思いやりと敬意》があるかどうかであり、筆記テストで見る限りサムには適性がある、と聞いて興味をそそられた。セールスについての固定観念を放棄するという点に関しては……どのみち二、三日前にはすべて投げ出すつもりでいたくらいだから、特に問題はない。

二週間後、彼はＷＰＣで働きはじめた。

二日間のオリエンテーションの後、セールス・マーケティング部門副部長のビクター・プレストン（以下ＶＰ）に会った。サムのトレーニングはＶＰが担当することになっていた。こわもてのトップ・セールスパーソンをイメージしていた彼は、ＶＰののんびりとくつろいだ雰囲気に拍子抜けした。

最初のミーティングで、サムはＶＰに【高確率セールス】を概説してほしいと頼んだ。しかしＶＰに、「まだ早いな。新しい情報が先入観でゆがめられたら何にもならない。【高確率セールス】のようなフレキシブルでまったく新しいアプローチの場合、まずどんなものか見るほうがいいだろう。理屈はあとからついてくるさ」、と言われた。

数日後、ＶＰとサムはいっしょに最初の営業にでかけ、消費財の製造で年商数億ドル規模のメーカーを訪問することになった。

「ＷＰＣがここから注文をもらうようになってからまだ一年たっていない、先方のパッケージビジネスにＷＰＣが占める割合はまだ小さいが、ＷＰＣにとっては四番目に大きな得意先だ」、とＶＰは言った。

商談に入る前に、ＶＰは彼に対して、なりゆきをじっと見ているように、たとえ助けがいるように見えても口をはさまないようにと念を押した。

会社に着くと、バイヤーの部屋に通された。自己紹介が終わると、こんなやりとりが始まった。

バイヤーのアン・カウフマンはいらだっているようだった。忙しいが用件は何か、と不機嫌に聞いた。

お困りのようですね。

あなたには関係ないわ。大事な注文の納品が間に合わない業者さんがいて、に

っちもさっちもいかないのよ。

VP　やっぱり出直してきます。

アン　大丈夫よ。今さら手の打ちようがないわ。

VP　でもお困りでしょう。

アン　大丈夫といったでしょう。ご心配なく、あなたに八つ当たりする気はありませんから。

VP　最初の契約の時に、「優良メーカー」待遇を得ようとするなら、最高の品質の商品を納めること、納期を厳守すること、と言われましたね。信用をどれだけ大切にしておられるかはよく承知しているつもりです。

アン　そのとおりよ。うちは在庫と返品を極力減らしてコストを引き下げることによって、業界ナンバーワン収益率の会社になったの。そうするためには、一にも二にも納入メーカーがたよりだわ。
メーカーさんが納期に遅れたり、粗悪品を持ってきたりしたら、うちが調達コストをはるかに超える損失をこうむるのよ。そういう場合、非難の矢面に立たされるのはわたしですからね。

VP　先週知りましたが、ＷＰＣを「優良メーカー」リストに入れてくださったのですね。ご愛顧感謝いたしております。

アン　おたくは製品の品質が確かで納期もきっちり守っていただいているので、今のところとてもありがたく思っているわ。でもこれまでお願いしてきている商品だと、さしあたってすぐ発注できるようなものはないわよ。

VP　ほかの商品にも弊社のパッケージをお使いになりませんか？

アン　うまいわね。ほかの二つの商品用パッケージ・メーカーは問題があってね。

VP　どの商品ですか？

アン　「サン」と「ムーン」の二種類のパッケージよ。

VP　問題とおっしゃいますと？

アン　「サン」の方は品質が今ひとつだし、「ムーン」のほうは今のところまとまった量を扱えないの。

VP　どのくらい深刻な状態なのですか?

アン　「サン」の場合、アートワーク※のつくり直しと品質の向上をこれまでに何度も申し入れているの。残念だけど問題は品質だけじゃなくて製造現場にもあるらしいから、気が気じゃないわ。新しいメーカーさんと取引するとなれば、新しい、質のよいアートワークを出してもらわないといけないしね。

VP　新しいアートワークをつくるのにどのくらい時間の余裕がありますか。

アン　あまりないのよ。最初に見積もりをもらって、プロダクトマネジャーに承認してもらわなければならないから。

VP　弊社からのお見積もりをご希望されますか?

アン　ええ、できるならね。パッケージの大きさと材質は「スター」の場合とまったく同じ。印刷の種類だけがかなり違っているの。

※版下（はんした）。この場合、パッケージに使われる文字やイラストなどのもととなる原稿のこと。

VP　わかりました。ただ、プロダクトマネジャーといっしょにアートワークをもう一度見直す必要がありそうです。そうすれば見積もりに必要なことを正確に把握できますから。

アン　それはどうかしら。わたしとしては、マネジャーを巻きこむ前に見積もりを見せてもらいたいのだけど。

VP　わたくしどもは、その順序ではビジネスを進めることができません。二回見積もりを出すことになってしまいますので。必要な情報をすべて事前にいただいてから見積もりを作成いたします。そういうことで、最初にプロダクトマネジャーとご相談させていただきたいのですが。いかがでしょうか？　それともご不都合がおありでしょうか？

アン　ごもっともだわ。今彼がここに来られるかどうか聞いてみましょう。

五分後、「サン」のプロダクトマネジャー（ＰＭ）が現在使っているアートワークとパッケージのサンプルを持って現れた。ひとしきり自分の要望を述べたあと、彼は、「君のところならこの一七個のパッケージ用の新しいアートワークをつくるのにどのくらい時間がかかるかね」と尋ねた。

VP　アート部門の残業負担を最小限にするために、一七個同時ではなく、急ぐものから順次仕上げるように予定を組むほうがよろしいかと思います。それでよろしいでしょうか？

PM　結構だ。

VP　ではまず、早急に必要なパッケージの数は？

PM　このうちの四個は五週間以内に納めてもらいたい。

VP　四個だけでしたら、一週間でアートワークは仕上げさせます。できあがったアートワークをご承認いただければ四週間後にパッケージは納品可能です。ご希望どおり五週間以内の納品に間に合います。いかがされますか？

PM　実を言えばこの四つのパッケージはすでに出入りの業者に注文済みだ。しかしこの際注文がダブるのは気にしないことにしよう。商品が完成するまでにちゃんとしたパッケージが入手できる確率が、これで倍になるわけだから。
もちろん、この商品の四半期の利益率は落ちてわたしのボーナスの査定にもひびいてくるだろう。だが君がしっかりやってくれたら、長い目で見てそのほうがはるかに賢明だからね。

VP

では具体的にどうなれば、われわれが必ずご要望にこたえられると確信なさいますか？

PM

作成途中のアートワークの写しを添えて、進行状況を毎日知らせてもらえるとありがたい。今の業者への注文をキャンセルすることはできないが、もし君のほうで約束をきっちり守ってくれたら、こちらで必要なパッケージの少なくとも半分は君に回すと約束する。たとえ今回向こうのメーカーが間に合ったとしてもだ。連中のおかげで何度も煮え湯をのまされているのだから、もういい加減にちゃんと頼れる相手を見つけなければならん。

VP

毎朝、「校正刷り」をファックスします。最初の四つのパッケージに関しては

PM　どのみち時間外の作業になりますから。それでよろしいでしょうか？

VP　もちろん。大変けっこうだ。

PM　残る一三個のパッケージを準備させていただくには、どのくらいの時間的余裕をいただけますか？

VP　八週間から一五週間。君に納品スケジュール表を渡そう。

PM　納品まで八週間から一五週間もあれば、何も問題はありません。コミットメントをなさるお気持ちはありますか？

VP　どういう意味だね？

PM　そちらがされるというなら、こちらの方はいつでもコミットメントをいたしますが。

それは値段次第だな。そういうことはまずミス・カウフマンのところで取り仕切っている。しかしこの買い付けは最終的にうちの部の会計から出ることになるから、結局わたしの承認がいるがね。

ミス・カウフマンはすでにわたくしどもの価格についてはよくご存じです。こちらの商標「スター」のアートワークからパッケージまで全般をやらせていただいていますから。「サン」についても色とレイアウトだけの違いなので、価格はほとんど同じです。ミス・カウフマンのほうにあした見積もりをお持ちしますが、もし価格に納得されたならば、ミス・カウフマンからの発注をいつごろご承認なさいますか？

「スター」のほうの値段は許容の範囲内ですよ、平均よりも若干高めというところね。

値段の問題ではないのだ。最高品質の品を納期どおりに、数が足りないなんてことは絶対にないように、過多分も二％以内に抑えてもらいたい。値段に納得がいけば明日にでも承認しよう。とにかく納期を守ってもらいたい。

先週「優良企業リスト」に入れていただいたばかりです。つねに一流の品を必ず期日までに納めてきたというのがその理由です。

PM：それを聞いてうれしいよ。ただあまり荷が重いと、つまずくビジネスもあるからな。

VP：今その問題をクリアにすることをお望みでしょうか？

PM：いや。いずれわかることだ。

VP：（商談中にとったメモを読み返しながら）新しいアートワークへのご要望と全体の予定についてはうかがいました。パッケージの納品スケジュールの割り振りについて合意ができました。あした見積もりをお持ちしますが、値段は今の「スター」の価格とそろえることになっています。話しあっておくべき点がほかに何かありますか？　ご心配な点はすべてカバーできましたでしょうか。ほかにご要望は？

PM：今は何も思いつかないな。

VP：ほんとうにこれでご希望どおりでしょうか？　確かですか？

PM：間違いない。今後取引は君の方に移す方向で。

VP　（バイヤーに向かって）では、ご注文は明日になさるおつもりですか？

アン　ええ、先にいくつかしなければならないことがあるけれどね。最初の発注のときは購買マネジャーのサインがいるのよ。金額が大きいことと、重大な納品スケジュールがあなたの肩にかかることになるのでね。

VP　購買マネジャーは明日はおられますか？

アン　それもそうだわ。ちょっと確かめてきましょう。

バイヤーは中座し、一〇分後にもどってきた。

アン　購買マネジャーはあしたも在社の予定です。いま話を通しておいたけれど、あなたのところがうちの懸案《けんあん》事項を解決してくれるというのなら、よろこんで注文書にサインすると言っているわ。

VP　「サン」のことで今日中に煮つめておくべきことはほかにありますか？

PM　いや、話はもうまとまった。何か質問があれば電話をくれたまえ。迅速《じんそく》な対応に感謝するよ。

VP　どういたしまして。（ＰＭは退室する。アンに向かって）ところで「ムーン」のパッケージについて何か話しておくべきことはありますか?

アン　まだ早いと思うわ。「ムーン」については、おたくの会社が「スター」と同じくらい「サン」でもやれるということを見せてもらってからでも遅くはないでしょう。そちらの負担が大きくなりすぎるのも考えものだし、「ムーン」の状態だと対応するのにまだ何カ月か余裕があるから。

VP　では時期がきたら、われわれに「ムーン」の仕事もまかせてみたいとお考えなのでしょうか?

アン　仕事の質を落とさずにやってもらえるならね。いつも「優良メーカー」さんを第一に考えていますから。

VP　あした見積もりをお持ちします。

アン よろしくね。ありがとう。

VP どういたしまして。

オフィスにもどる車中の会話

サム この契約であそこはＷＰＣ最大手の顧客になりますね。アポイントが今日でラッキーでしたよ。

VP ラッキーだって？

サム パッケージでトラブルが起きたその場に居合わせたのでなければ、どこかよそのメーカーに話が行っていたかもしれません。

VP さっきの商談がまとまったのはツキのせいではないよ。
あのパッケージのことは君も聞いてのとおり、かなり以前からゴタゴタしていた。わたしがもちかけたから問題が表面化して交渉の場に持ち出されたのだ。
君が自分の目で見るまで【高確率セールス】について話したくなかったのはそ

こなのだ。さっきの売り込みについてよく考えてみれば、ツキに頼った部分はほとんどないことがわかるだろう。今日見たことを君のセールスについての古い観念と比べてはいけないよ。

サム　あなたはずっと、クロージングの質問をしつづけていたようにぼくには思えます。

VP　そう、そのとおりだ。たぶん君があの場で耳にしたのはそれだけかな。

サム　それからあのバイヤーとは前にも取引をしたことがあったので、相手が何を重視しているかあなたはよく知っていました。だから彼女が反論を持ち出す前に対処することができたんです。

VP　彼女が一回も反論しなかったことに気づいたわけだね。

しかし君が今言ったような理由でそうなったのではない。彼女は自分の問題に対する解決策を交渉するのに手一杯で、反論する余裕がなかったのさ。それに強制がなかったから、抵抗もなかったということも考えに入れたほうがいい。

ほかに気づいたことは？

サム　マイナーな点についてクロージングをしましたよね。完成パッケージの納入要件を尋ねたときですよ。

VP　そう見えたかも知れないが、納品期日を持ち出したのはわたしじゃないよ。あの話はプロダクトマネジャーのほうから出たのだ。とくにマイナーな点についてクロージングをしようとしたわけではないよ。

サム　では、何があなたのねらいだったのですか?

VP　先方の納品要件がどうなっているかを探り出したかっただけだ。

サム　そのへんでぼくは混乱しています。画期的で強力なセールステクニックを見せてもらうのだと思っていましたが、あなたはひたすら情報集めをしていました。

VP　ものごとをあるパターンに当てはめ、それをなじみのカテゴリーに分類してしまいたくなるのは人の心の常だ。多くの場合それは役に立つ。いちいち細かいことに心を砕《くだ》いたり計画を立てたりせずに、経験と知識を新しい状況に当てはめればことが済むからね。

しかし【高確率セールス】のように、何かほんとうに新しいことを学ぼうとするときには、そのようなやり方は逆効果だ。

ほんとうに新しい概念は既成の枠にははまりきらない。この方法自体がまったく新しいのだ。

実をいうと君は今朝、きわめて強力な新しいテクノロジーを目のあたりにした。だがそれに気がつかなかったのだ。明日まで待ちたまえ。見積もりを持っていって注文書をもらったときに、【高確率セールス】の効力がはっきりとわかるはずだ。

正直に言っておっしゃることがどうしてもわかりません。

今日の一部始終を見ていて、あなたがあの状況を実に手際よく処理していたのはわかります。効果的な売り込みではなく、さりげない、単なる幸運に見えたというあたりがむしろ、ぼくには見当もつかない何かをあなたがしたためなのだ、ということもかろうじて見えてきました。

しかしなぜ、あなたはぼくがまるで理解できない現場を体験させたのですか？

君の思考を自由に解き放ってみたかったのだ。たいがいの人にはとても困難な

ことだよ。とりわけ自分がすでに精通している分野ではね。

ではそろそろ説明していただけませんか？　それとも明日もまたあなたが別の客に対応するのを見ているほうがよいですか？

いや、話すときがきたようだ。オフィスにもどったら、いっしょに【高確率セールス】の原則を始めから見直してみよう。

第2章

高確率セールスVS伝統的セールス

VP 【高確率セールス】と伝統的セールスには二つの大きな違いがある。

第一に、伝統的セールスでは、《ニーズがあるかもしれない顧客》をひとまとめにして、売るべき見込み客と呼ぶ。【高確率セールス】はもっと現実的だ。数かぎりなくいる「ニーズがあるかもしれない顧客」にいちいち売り込みや商品説明はできない。手当たり次第に声をかけるのは時間と金とエネルギーの浪費だ。逆に、今すぐ買う顧客をつかむチャンスを逃がしかねない。

第二に、伝統的セールスでは、セールスは説得術であるから、見込み客に商品やサービスを買わせるには、言葉たくみに相手をあやつって古典的な五段階の購入決定ステップに誘いこめと教える。

それに対して【高確率セールス】では、セールスは「同意とコミットメント」の技術であると教える。「有望な客」、すなわち各ステップにおいて《コミットメントする意志》のある客だけがセールスパーソンの時間とエネルギーの投入に値する。

サム しかしプレゼンテーションする前に、有望な相手かどうかわかるのですか？

VP 【高確率セールス】で君が学ぶのはそこだよ。基本的には、ある基準に合わない見込み客を「除外」する、基準に合わないとわかった段階で《いつでも除外する》ということだ。

サム　セールスが「説得」でないなら、いったい何なのでしょう?

VP　見込み客と《合意を重ねていく》のがセールスなのだよ。
見込み客というのは、まず商品に対するニーズがあり、商品を希望し、資金があり、こちらが【満足条件】を満たせば一定の時間で購入契約をする意志のある相手のことだ。

サム　まずニーズをつきとめ、その上でこの商品こそあなたの欲しいものですよ、値段もご予算の範囲内です、と説きふせるのがセールスだと教わりました。そこまできたら、あとはクロージング・テクニックを一つずつ使っていけというのです。
何度もノーと言う客は最終的にイエスと言うし、一回のイエスを得るためなら、一〇回ノーと言われる価値があるとも言われました。相手がノーというのに飽きるまで、押して押して押しまくれというわけです。

VP　相手をまちがえてチャンスをムダにしているということに気づいていないセー

ルスパーソンは実に多い。時間と才能とエネルギー、さらに気力と会社の資源の浪費だよ。

それなら、相手が本気の見込み客かどうか、売る前から見分ける方法は？

いい質問だ。いろいろ複雑な問題が絡《から》んでくるからね。見込み客について、セールスパーソンが頭では理解しながら無視しがちなキーポイントがある。分類するとこうなる。

❶商品に対するニーズがあり、商品を希望し、資金もある見込み客。よろこんで買うタイプ。

❷商品に対するニーズがあるが、商品を希望していない見込み客。資金はある。

❸商品に対するニーズがあり、希望しているにもかかわらず、資金がない見込み客。

❹商品に対するニーズがあり、希望していて、資金もあるが、うちからは買わないという見込み客。商品は希望するが、ほかのブランドやサプライヤーが好みというタイプ。

①のタイプと話すことに時間と資源を割くべきなのは明らかだね。ただしひたいに赤い字で〝①〟と書いている見込み客などいない。で、君ならどうやって見つける？

サム　無理ですね。ニーズがあるかどうか、希望するかどうか、客が自分でわかっていないうちは特に無理です。プレゼンテーションを聞いてはじめて客の心は決まるのです。だから片っ端から当たるわけです。

VP　とは限らないな。見込み客のほとんどは《最初の一分》で決める。見込み客の発掘作業にかけるのは、そのくらいの時間で十分だ。それに君のやりかたでは、売り手はかなり「攻撃的」で、「しつこく」なければならない。

サム　攻撃的でしつこいやり方は効果がないということですか？

VP　攻撃的なセールスパーソンに会うと《買い手は身構える》。しつこい売り込みはうるさがられる。押しつけがましいアプローチや、客をハメるような仕掛けは逆に抵抗を引き起こしてしまう。

サム　どうもピンと来ません。これまで学んできたことは役に立たないということでしょうか？

VP　そのとおり、しかも今までのアプローチ、特に攻撃的でしつこいやり方を捨てるのはそう簡単にはいかないよ。

サム　どうも信じられません。セールスといえばその二つだからこそ、セールスパーソンの募集広告にも「求められる資質」として挙げられているのではないですか。

VP　知っているよ。だが、始めから少し説明させてくれないか。

従来のトップ・セールスパーソンの条件

❶野心家
❷攻撃的
❸しつこい
❹饒舌《じょうぜつ》
❺押しが強い
❻服装のセンスがよい
❼カリスマ性がある
❽精力的
❾頭の回転が速い

ほとんどの企業はこのリストに従い、ほかに体力がある、酒に飲まれない、ゴルフがうまい、など自前でいくつか追加する。このリストができた頃に比べると世の中はずいぶん変わったのに、だれもあえて見直そうとはしなかった。

これまでのセールステクニックはまちがいだらけの心理分析をもとにしている。

- **注意を引く**（関心の種をまく）
- **関心を持たせる**（利益を説明する）
- **意欲をかきたてる**（ニーズと希望を引き出す）
- **確信させる**（不信感と反論をさばく）
- **行動を起こす**（クロージングする）

ほとんどのセールスパーソンがこのモデルにもとづくセールステクニックを教わるが、たいていの人がどうも身に付かない、使えないと感じている。しかしこのモデルは心理学を心得ればだれにでも何でも買わせることができる、という大変な誤解をもとにしていることを肝に銘《めい》じておいてもらいたい。

このようなアプローチも一時的に効果があるように見えることがある。最初にこのシステムに習熟したのが、攻撃的で饒舌《じょうぜつ》かつ野心のあるセールスパーソンだったからだ。こういった人々が雨戸や冷蔵庫や車を売りまくったのだ。

しかし多くの買い手はかなり手ごわい抵抗を見せる。

欲しくもないガラクタも説得しだいで人は買う。だれでも訓練すればガラクタを売れるようになるという誤った思いこみが問題なのだ。多くのセールスパーソンがこのアプローチに挑戦し、ムダ骨だと思い知らされてきた。

だが、誤解しないでほしい！　もとの心理学は間違っていなかったのに適用の仕方が的《まと》はずれだったのだ。

だれでも一人や二人は花形セールスパーソンを知っています。今までどおりのセールス手法で成功している人はどこの会社にもいますよ。

成功している人のほとんどはなぜうまくいくのか自分でもわかっていない。アプローチのいろいろなパターンを知っていて、状況に応じてそれを使い分けているだけだ。彼らは本能的に注文がとれる手を臨機応変に選んで使っているのだ。
実は、成功するセールスパーソンは最終的に同じようなセールスをするようになる。

彼らのアプローチを割り出して研究したところ、従来教えられてきたやり方とはまったく違うということがわかってきた。彼らのやり方は、必ずある一つのパターンになる。そのパターンが常に一定の基本的原理にもとづいているので、【高確率セールス】はテクノロジーであるといわれるようになったのだ。

サム　【高確率セールス】は何が違うのでしょうか？

VP　第一に、伝統的セールスでは「セールスパーソンは注文してもらえるように常に〝頼む〟こと」という鉄則があった。実際、相手に放り出されるまで頼むというところもあるのだよ。われわれは決して頼まない。

サム　それはたしかに違います。とにかくずっと注文してもらえるように頼まなければならない、と教わってきました。ほかにはどんな違いが？

VP　前に、商品に対するニーズがあり、商品を希望し、資金もある見込み客にエネルギーをつぎ込むと言ったね。この条件に近ければ近いほど買う確率は高い。見込みのない顧客に売って時間を浪費してはいけない。ムダ骨を折る必要がどこにあるだろう？　これがセールスパーソンの哲学のシフトだ。

客に買うように説得しないなら、なぜセールスパーソンが必要なんでしょうか？

いい質問だ。「現代のセールスパーソンの役割は何か？」という質問が答えになる。

一九五〇年代は個別訪問セールスにはコストがほとんどかからなかった。

当時、会社はセールスパーソンに直接コミッションを払うか、あるいはコミッションに対して少額の手数料を払うかしていた。だから、片っ端から飛びこみ営業をさせても企業の負担はほとんどなかった。当然だがその状況ではセールスパーソンのほうは長くはもたない。

テレビはあってても原始的なもので、メディアとしてはほとんど価値がなかった。今日出回っているようなニュースや商業、ビジネスを扱う雑誌もまだごく一部が存在していただけだった。ダイレクトメールはまだオートメーション化されていなかった。もちろん、インターネットなどあるはずもない。つまり、消費者に情報を伝える宣伝物や広報手段はわずかだったのだ。

セールスパーソンはまるで「宣教師」よろしく、新しい商品とサービスを手に市場にとけこんだ。できるだけ多くの見込み客に会い、「新商品はこんなにいいからお買いにならないと損です、お値段もまあまあでしょう」と説得するのが仕事だった。しかし今ではそんなことをしていたら割に合わない。

サム　たしかにセールスパーソンに宣伝をさせても費用ほどの効果はないですね。しかし理論上の見込み客一人ひとりに勧めるのも意味がないでしょうか？

VP　セールスパーソンとして、君ならどっちがいい？（電話を切った瞬間に後悔しているだろうが）アポイントをくれたから見込みがあるという前提で一五人に会いに行くのと、基準を満たせばすぐにも買おうと言っている、ニーズも希望も資金もある五人に会いに行くのとでは？

サム　比べものになりませんね。しかしどうやってそのようなアポイントをとるんですか？

VP　まずコンタクトした見込み客の販売抵抗をとりのぞく。

サム　販売抵抗は「反論」というかたちであらわれる、とぼくは教わりました。だから先回りして答えを与えてしまうか、反論された時点ですぐに処理しなければならない、と。

われわれは反論の「処理」はしない。【高確率セールス】の環境では、買い手はセールスパーソンとの《合意に達するプロセス》の途中にいるのであって、無理に勧められたら抵抗しようと身構えているわけではない。

「反論」は、買わない理由や言い訳になって表面化するのではない。検討し、話し合い、交渉すべき課題として出てくるのだ。

やはり実際に見ないとピンと来ません。

まったくそのとおりだ！　だが、その前に知っておいたほうがよいことがある。伝統的セールスのテクニックをざっと見てしまおう。

▼五〇年代のセールスのテクニック

五〇年代の典型的セールスパーソンは、「マーケット」である見込み客のリストを手に仕事を始めた。

あらゆる手を尽くして、とれる限りたくさんのアポイントをとらなければならなかった。手をかえ品をかえ、あらゆる手段でドアを開けさせようとした。いったん見込み客が顔を見せたら最後、あらゆる売り込みをかけて一気に攻め落とすのが使命だった。

「売り込み」は、ふつうは準備しておいたプレゼンテーションに視覚的資料の助けを借りて行われる。それはたいてい、見込み客が買うと決めるまでの五段階の心理状態をたどるためにつくられた「五段階のセールスプレゼンテーション」がモデルになっている。

前にもふれたが、もう少し詳しく見てみよう。

1　注意を引く

見込み客の注意を引く。芝居っ気たっぷりに、巧みに誘って商品に目を向けさせる。大げさなほどよい。

2　関心を持たせる

商品やサービスを感情に訴えるやり方でアピールする。

客が男性なら助手席に金髪美人を乗せた赤いオープンカーの写真を見せる（女性の顔が

はっきり見えるように、男性ドライバーの顔はぼかすこと――客が自分の顔を当てはめることができるように)。

女性ならば、こぎれいなステーション・ワゴンにすわった女性とニコニコしながらきちんとシートベルトをかけてすわっている子どもたちの写真を見せる。イッツ、ショー(ビジネス)タイム!(もちろん今の女性にこんな写真は通用しないだろうが、発想は同じ)。

3 意欲をかきたてる

誘惑する、といってもよい。

商品やサービスの利点をありったけならべ、どんな風に役に立つかを相手に示す。巧みなプレゼンテーションをし、こんなこともできる、と美辞麗句《びじれいく》を並べ立てる。体験させる。試しに使わせる。味をみてもらう。試乗させる(可能ならば)など。

4 確信させる

商品の優秀さの統計的根拠を見せる。商品やサービスに満足してよろこんでいる有名人の言葉を引き合いに出す。得意客や、政府・教会などからの推薦状や証明書を見せる。

そのあいだじゅうずっと、「いかがですか?」と聞いてはうなずく。

5　行動を起こす（クロージングする）

相手の反応を見て、注文してもらうように頼み、反論を処理し、自分の得意とするクロージング・テクニックを使う。やりかたはいろいろだ。

もし彼らがノーといったら、その理由を見つける。わからなかったら探り出す。反論を処理し、今度は別のテクニックでクロージングする。答えはノー？　何度も何度も繰り返す。言い方にすこしずつ変化をつける。

見てもわかるとおり、アプローチそのものが操作と反感だらけだ。時間もかかるし、大変なエネルギーと練習がいる。見込み客に対し攻撃的にならざるを得ないし、売り手の一方的なおしゃべりに客は迷惑している。このシナリオでは客は受け身であいづちを打つしかない。

この五段階モデルのどこがいけないのでしょう？

買う側の心理としては正確だ。しかし売る側のモデルとしては役に立たない。相手を操っているからだ。このままマネをしようと思ったら、売り手は初めから終わりまでべったりついて相手をコントロールすることになる。操られている

と感じると客は不愉快になる。そもそも最初から最後までコントロールを続けるのは大変な手間と時間を要する。

セールスで五段階モデルをつかった場合に生じる基本的な問題をあげてみよう。

注意を引く　何か特別なことをしなければ注意を引けないとき、相手は「有望な客」ではない。不適格な見込み客を除外することで時間の浪費がおさえられる。

欲しいと思っているものを提供されれば、人は自然に耳を傾ける。

関心を持たせる　関心のない人に関心を持たせようとするのは時間のムダであり、関心のある人は逆に退屈する。関心があっても行動しない人がたくさんいるということを見落としてはいけない。客の関心の度合いを測っても意味がない。自分が売ろうとしている商品を今目の前にいる相手が欲しがっているかどうか、それだけが問題なのだ。

意欲をかきたてる　商品の長所や利点を並べて何もないところから希望を形にするより、客がすでにもつ希望がその商品によっていかにかなえられるかを知らせることに主眼を置く。ただし、こんな条件なら買おう、というコミットメントをとってからのほうがよい。

確信させる　この段階に至るころには、売り手はこれでもかこれでもか、と攻めまくりモードにはいっている。セールスパーソンはさかんに見せ、話し、保証するが、その一方で顧客はまだ自らの持つ【満足条件】を設定していないし、コミットメントもしていない。

行動を起こす　プレゼンテーションが終わるまでにクロージングできないのは、見込みのない結果のために努力をしすぎたということだ。こういう場合は得てして、かなりがっかりすることになる。【高確率セールス】では、《プロセス全体がクロージング》だ。

サム　五段階アプローチのことはぼくも知っていますが、使えると思ったことはありません。覚えたてのころ何度も試して、いつも恥をかきました。そのあとはクロージング・テクニックに集中し、一生懸命練習して契約率を上げました。

VP　どのくらい上がったかね？

サム　たしか半年で二〇～二五％だったと思います。しかしたいへんな訓練と集中力がいるので、しばらくたつと維持できなくなりました。

VP　【高確率セールス】を覚えるのは楽ではないし、かなり修練がいる。

しかしいったん覚えたら、売ることがずっと楽に、自然になり、売上げも伸びる。集中力の問題ではないね。覚えてしまえば君のものだ。君の一部分になるんだよ。

なぜ五段階アプローチのモデルが間違っているのか、まだ説明していただいていませんが。

各モデル自体が間違っている、とは言っていないよ。買う側のモデルとしては正しいのだが、売る側のモデルとしては正しくないと言ったのだ。

売るために初めから終わりまでずっと相手を操り続けるようなテクノロジーは効率が悪い。限られた時間でできるだけ多くの顧客に売りたいのならば、もともと欲しがっている見込み客から始めるほうがはるかに効率がいい。

【高確率セールス】ではそのことを念頭におき、最初の四つをとばして《「行動」（クロージング）段階から始める》。顧客の注意を引きたいのはそこなのだ。

ただし、いままでのクロージングのテクニックは使わない。相手に対する敬意があれば操るという気にはなれないものだよ。もう少し【高確率セールス】がわかってくると、われわれが最初から最後までクロージングをしていることに気づくだろう。

それでもまだ売り手が客を思いどおりに動かそうとしているように聞こえます。目的は伝統的セールスと同じではないですか?

ちがうな。【高確率セールス】はまったく違うアプローチだ。伝統的セールスでは、相手の意志にかかわらずこちらの都合を強制する。【高確率セールス】のねらいは、客との間に互いに満足の行く双方向のビジネスが成り立つ下地があるかないかを見きわめることだ。それがなければ別々の道を歩めばよい。

交渉のどこかで相互の合意やコミットメントが成立しなければ、そこで話は終わる。交渉の始めであろうと終わりであろうと、《いつ話を降りてくれても構わない》ということを早いうちから何度も相手に伝える。

その結果、売り手と買い手がこれから言う三つの手順を踏んで交渉を進めれば、これなら互いに望んでいる結果が間違いなく得られるだろう、という手応えを感じられるようになる。

以下の三つが【高確率セールス】の手順だ。

・高確率な顧客発掘
・高確率なセールス
・高確率なクロージング

やさしそうに聞こえますが。

原則はやさしい。しかし、しゃべり続けて自分の思いどおりに相手を動かす式の古い売り方の習慣を捨てるのは大変だよ。

うちのセールスパーソンと話をしてみたまえ。みんな【高確率セールス】を身に付けた連中だ。きっと心が決まるだろう。やみくもにもがくのをやめて、労力やストレスをセーブする価値はありそうだ、とね。

試す価値は十分にありそうですね。でも今まで一生懸命覚えたことを忘れるのは相当大変だろうと思います。

第3章

相手を引き込む「高確率な質問」の威力

その後の数日間、サムは研修の一環としてWPCのスーとラリーの営業に同行した。ふたりともVPが営業部を活性化するより前からWPCの社員だった。

VPが着任したとき、一見のんきな彼のやり方に二人とも目を丸くした。しかしVPがそののんきなやり方で大口の契約を次々にまとめるのを目のあたりにして、秘訣を知りたいと考えた。こうして二人は今までとはまったく違う【高確率セールス】を習得したのだ。

スーとラリーの営業を見ても、サムは何が進んでいるのかまったくわからなかった。それぞれ進め方はまったく違い、VPのそれとも異なっていた。

ただ一つの共通点は、彼らが《質問しつづける》という点だった。的《まと》はずれの質問も、立ち入った質問もあった。サムのほうが居心地が悪くなることも多かった。

スーが新しい見込み客を訪ねたとき、質問のやりとりが一〇分ほど続き、その後でパッケージの見積もりを頼まれた。

「その見積もりはどう見ても取引になりません、こちらといたしましても当社のセールス見積部門をわずらわす気にはなれませんので」、と彼女はことわった。

いずれはこんなこともいかがですか、と礼儀正しく将来のビジネスの種はまいたが、強く勧めることはせずさっさと退散した。

サムは驚き、どういうことなのかとスーにたずねた。ＶＰに説明してもらったほうがいいわよ、と言われて彼はますます驚いた。今日のことはＶＰには知られたくないはずだと思っていたからだ。

サムは話題を変え、【高確率セールス】を覚えてから何が変わったかと彼女に聞いた。「コミッションの額が一気にあがったわ。肩の力が抜けて、自分で自分が好きになったこと、自尊心をもてるようになったことかな。前よりずっとセールスプロセスをコントロールできるようになったわ」と彼女は力をこめた。

翌日、サムはＶＰに尋ねた。スーのやり方は正しい、と彼は言った。

彼女は相手（見込み客）が「有望な客」であると考えられる間だけ商談をしたのだ。当面取引ができる相手でないとはっきりした時点で、礼儀正しく退却する。

勝ち目のない勝負に会社の資源を使わなかった点で彼女は正しい。客は「冷やかしおことわり」の毅然《きぜん》としたアプローチに敬意を払うものなのだ。

どうして先方が有望な見込み客でないのかわからない、見積もりを頼まれた段階で脈があると思ったのだがとサムは言った。ＶＰはそれはちがうなと言った。

彼女は見積もりの話がでる前のやりとりから、この相手とは当面ビジネスにならない、あるいは相手が話にのってきそうにないと判断したのだろう。スーが席をたったのは、おそらく率直でオープンな話し合いをする姿勢が先方になかったからだ。

彼女は相当つっこんだ質問をたくさんしていました。先方が答えないのも無理はありません。

いずれ君にも質問の意味がわかるよ。質問に対する率直な答えが得られないときは話を進めないことのメリットもね。【高確率セールス】の基本原則を君に知らせる時期らしい。

【高確率セールス】は《体系的な質問》から成っている。この質問は、以下に述べる三つの点を判断することにより、売り手と買い手が本音で話し合って相互のコミットメントを成立させるようにつくられている。

❶ 見込み客は商品に対するニーズがあり、商品を希望し、資金があるかどうか
❷ 見込み客はすすんで【満足条件】を提示し、もし条件が満たされれば、商品を買う意志があるかどうか
❸ 見込み客の【満足条件】に関するコミットメントが細かい点まで特定され、あいまいでないかどうか

少し見えてきました。退席する直前に彼女は、「仮にどういう条件ならば、貴社のパッケージの一部を当社に任せたいとお考えになりますか？　第二サプライヤーとして、ですが」と聞きました。

相手がどういう意味かと問い返すと、

「決定要因は価格ですか？　それとも納期の厳守、あるいは品質保証ですか？」

先方の答えは、「とりあえず見積もりを出したまえ。うちが注文すればそれでよかろう、当方の判断基準は君には無関係だ」というようなことでした。彼女はさらに何度か質問に答えてもらおうとトライしたのち、結局席を立って退出しま

した。

「望み薄の客」に《ムダな資源を使わない》という、【高確率セールス】の基本原則を忠実に守ったのだよ。

でもあそこまで行けば、もう少し粘ればなんとかなったかもしれません。

そのままだと見積もりを出すというコミットメントをせざるを得ない。さらに帰ってから見積部門で見積もりをつくり、部長に目を通してもらってデータをプリントアウトせざるを得なくなる。

できたプリントアウトに評価役とともに目をとおし、サンプルと見積もりをもって「望み薄の客」を再度訪《おとず》れなければならない。さらに少なくとも一回はフォローアップの訪問をせざるを得ない。客は見積もりを直せとか、別のサンプルを見たいというかもしれない。そうなったらまた同じことをもう一度繰り返すことになる。

そこまでしても実際に契約を取りつける可能性は低い。

すべての行動に費用がかかっている。もっと問題なのは、「望み薄の客」にかまけていると、「有望な客」と仕事をする機会を奪われるということだ。さらに、望み薄の顧客と接触するセールスパーソンの側の、《潜在的な感情的消耗》は目には見えないがかなりの負担であることを忘れてはならない。

サム　セールスパーソンがする質問はどうでしょう？　客のほうも、踏みこまれたくない領域を侵されていると感じているのではないですか。

VP　売り手と買い手が敵どうしになる今までの手法だったら、君の言うとおりだろう。敵と心を通わせるのは難しい。だが、【高確率セールス】では互いを信頼し尊敬しあう人間関係づくりをねらいにする。そのためには相手の人となりを知る必要がある。セールスパーソンといえどもだまされることはあるからね。

サム　相手が率直かつ誠実でない場合は取引はしない、ということですか？

VP　そのとおりだ。

サム お手上げです、いままでのトレーニングとまるで反対だ！　相手が聞いているかぎり、話しつづけ、押しつづけよとずっと教わってきました。こちらの質問に対してイエスと言ったり、うなずいたりしはじめたら、クロージングのチャンスだ、と。

VP 【高確率セールス】は違うのだよ。まず相手が何を欲しがっているかをはっきりさせ、欲しいものの詳細について双方が合意すること。この欲しいものの詳細を見込み客の【満足条件】と呼んでいる。
次に、これらの条件が満たされれば、相互のコミットメントを交渉する。言いかえれば、双方が相手に何を約束するかを正確に煮詰める。
このコミットメントの交渉をしているときは、すでに君の言う「クロージング」を始めていることになる。

サム ということは、話をするのではなく質問しつづけるということですか？

VP そのとおり。言うべきことは《全部質問形式にする》。話をするのは顧客だ、こちらの質問に答えることから始まってね。見込み客が話せば話すほど、双方にとって収穫は大きくなる。

しかし会社の能力や、自社の製品やサービスがほかよりすぐれている理由を説明しなければ、客は知りようがありません。

うちの商品が一番だと押しつければ押しつけるほど、販売抵抗を起こしてしまうものなのだ。

わかるかね、言いたいことは全部質問で言いかえることが可能なのだ。質問を続けている限り《相手は会話に引き込まれる》。例を挙げてみよう。

質問　パッケージは納品時、展開したオープンタイプがよろしいですか？　それともワンタッチで開くようにたたんだフラットタイプをご希望ですか？

相手　ＷＰＣパッケージはフラットタイプで納品するのかね？

質問　そうです。フラットタイプがご希望ですか？

質問　品質と納期のためならもっと費用をかけても構わないとお考えですか？
相手　もちろんだよ。パッケージが粗悪品だと生産ラインを止める事態もあり得る。それに納期のことは死活問題だ。最近、ジャストインタイム方式になったから予備の在庫を置かないことになってね。
質問　ほかにご希望がありますか？

このようにパッケージのことにせよ、品質や納期のことにせよ、とにかく自分の選択を客は話し続ける。

もしかするとこちらの品をことわるもっともな理由があるかもしれない。自分の製品にはオープンタイプのパッケージのほうが使いやすいかもしれない。価格の安さが最優先かもしれない。

いずれにしても、時間と資源を費やす前に情報収集ができるのは助かる。また、相手が言おうとしていることをじっくり聞き、それに対してどんなサービスができるか提案するのも好感をもたれる。それが質問の形で表現されればなおよい。

クロージングのタイミングと方法がやっぱりわかりません。

VP　今はそれでいいのだよ。さっきの例を見てみよう。君の言う「クロージング用の質問」がおそらくたくさん出ているだろう。

サム　かもしれません。しかし情報収集はクロージングではありません。

VP　【高確率セールス】はまるごとクロージングのプロセスだよ。先週セールスに同行してもらったときに気づいたと思うが、こちらから質問をして、今の進行状況を肯定する答えをもらうとき、われわれはコミットメントをとりつけているのだ。「これが貴社のご希望ですか?」「ほかにカバーすることはありませんか?」「費用を一〇%上乗せして光沢仕上げにしますか?」あるいは「わが社が確実にご要望にお答えすることをお見せした場合はいかがなさいますか?」

サム　やっぱりよくわかりません。いつオーダーをお願いするのですか?

VP　お願いはしないのだ!

サム　(信じられないようすで)クロージングのテクニックは使わない、ということでしょうか？

さっきもいったように、【高確率セールス】はまるごとクロージングだよ。最初から取引に必要なことは何かを見つけだそうとしていく。緻密《ちみつ》なプロの手順をきっちり踏むのだ。

【高確率セールス】のアプローチは顧客の希望と売り手の提示するものが合えば、取引の態勢にスムーズにはいれるようにできている。

もし相手が乗ってこなかったら？

それはどこかで間違えたということだよ。不的確な見込み客として除外すべきときに除外しなかったということかもしれない。「コミットメント」がないのに前に進んでしまったのかもしれない。

相手にコミットメントの意志がないとわかれば、その時点で打ち切ってほかの見込み客に移るべきなのだが。

いずれにせよ、失敗は失敗だ。顧客かどうかの見きわめが不適切だったかもしれず、つい昔の力まかせのセールスの癖《くせ》が出て摩擦を生んだかもしれない。

しかし、決してオーダーを頼んではいけない！

あくまで相互のコミットメントを交渉するのだ。見込み客の【満足条件】を自分の会社が満たせないとわかったら、あっさり認めて礼儀正しく退却する。

サム：たとえばうちで出しているものと違うタイプを求められたら、ということですか？

VP：よい例だ。急ぎの注文を安く、と言われた場合もそうだ。君も知っているとおり、品質のよいものを短期間で、というのはうちでもできる。だがその場合、値段もそれなりに高くならざるを得ない。

サム：よいものを短期間で、しかし費用はもう少し出さないと無理だと、どうやって相手を説得しますか？

VP：こちらの商品に対するニーズがあり、希望している顧客には説得はいらない。こちらが提示する利益を明確に理解していて、それでも欲しいものと違うといわれたら、そこまでで打ち切りだ。ほんとうに欲しければあっさり帰らせたりしないだろう。

サム　それには、インパクトのあるプレゼンテーションがいるのでは？

VP　いらないな。必要なのは正しい質問だ。たとえば、

▼納入サイクルを短く、とのことですが具体的にはどのくらいでしょうか？

▼年間保険料が一五〇〇ドルまでで保険金がもっとも高いものを、と言われましたね。市場分析や取引を弊社が代行することをご希望ですか、それともご自身で購入や企業の評価・比較分析をされますか？

▼できるだけ早く納品してほしい、とのことですが、ご要望を満たすには別途追加料金がかかります。いかがされますか？

サム　トレーニングコースで教わるクロージングの質問をするようなものですね。

VP　ではないな。顧客はクロージングの質問をすでにうんざりするほど聞かされているから、売り手の意図を察して憤慨するのだ。

【高確率セールス】ではとにかく顧客の【満足条件】を決めることに（先方にも

「条件を決めます」（とはっきり言って）専心する。相手にも違いはすぐにわかるよ。

クロージングではなく、「グレーにしますか、ブルーにしますか？」とか「納品は火曜日にしましょうか、それとも木曜日に？」とかもっとささいな点について質問をする意図は何でしょう？

【高確率セールス】では口先だけのごまかしの質問はしない。ほんとうに答えが必要だからこそ質問をするのだ。

質問ばかりしていて、どうやって相手に商品に対するニーズがあり、商品を希望している、と確信させることができますか？

はじめてわたしと同行したときのことを覚えているかね？

はい。

契約をもらったのは「ラッキー」だったからだ、と君は言った。

サム　思い出しました。ちょっとお願いしてみれば簡単に転がりこむビジネスが目の前にあるのに、あなたがじっと相手の希望を質問しつづけているのが不思議でした。

VP　うちがすでに扱っている「スター」以外の取引については、彼女の口が重かったのを覚えているかね？

サム　はい。しかしいったん困っていると言いはじめた以上、こちらからオーダーをもちかけることもできましたよ。

VP　あの段階では彼女はメーカーを変えるというコミットメントはまったくしていないのだよ。実際、話は愚痴《ぐち》から始まった。そこから注文を取りつけたのは、こちらがひたすら質問し、彼女に選択させ、コミットメントを求めたからだ。そして君も知るとおり、「サン」のほうへの注文は「スター」の三倍もあるのだよ。

サム　しかしなぜあなたは、向こうから注文がくるのを待ったのですか？
なぜ、単にオーダーのお願いをしなかったのですか？

理由はいくつかある。

第一に、知ってのとおりわれわれはオーダーをこちらから頼むということをしない。

第二に、先方のニーズと希望を尋ねたときに、先方は【満足条件】を明確にした。

その時点でコミットメントを頼んでおいて、こちらが【満足条件】を満たすことができないということになったら、注文自体がおじゃんになっていただろう。

もし【満足条件】の一部が満たせなかったら、まずその部分を交渉する。話がまとまったら、コミットメントを頼む。あのときプロダクトマネジャーが、全部いっぺんにでなく最初の四つだけのアートワークのやり直しにまず同意したのはそういうことだったのだ。

もしもっぱら客だけが話し続けるという状況をつくり出せたら、客は自分の要望をオープンに話し、【満足条件】をはっきり示してくれる。強引に説得する必要も、腹のうちを探ることも、反論を処理する必要もない。

ではなぜだれに向かっても「これはご希望に沿っていますか？」と聞き続ける

のですか？　聞いているあいだに確実に契約を逃してしまいます。

客の胸にはいつも「隠れた反論」や、再考案があるものだ。われわれが引き上げた後になって表面化するより、その場にいるうちに明らかになったほうがはるかによい。

さらに、自分の思う通りにしていると客に確認してもらうことで、仕事をこちらに委ねる責任を負ってもらう。つい乗せられた、と後から感じることは絶対にないし、実際にそういう事実もない。

正直なところ、相手が心から感謝するのを見てほんとうに驚きました。今まで見てきた光景とは全然違います。

わかるよ。「注文だ注文だ！」といって相手を追いつめている限り、ふつうそうはならないからね。仮に契約が取れたとしてもだ。

ＶＰは次のようにまとめた。

▼「高確率セールス」の秘訣

◉秘訣　糸口がつかめなかったら打ち切る。
「望み薄の客」を「有望な客」に変えるより、最初から「有望な客」と話をするほうが時間の節約になる。

◉秘訣　効果的な質問をする
【高確率セールス】の手順を踏むには腹を割った話し合いが不可欠である。こちらが提示できるものはよくわかっていても、相手は何をのぞんでいるのか？　答えを知るのに一番手っ取り早いのは質問だ。

◉秘訣　初顔合わせ重視
セールスパーソンが、ごまかし抜きでほんとうに答えが知りたいから質問していると感じればたいがいの顧客は誠意をもってきちんと答える。
「感じる」というのは、直観、つまり無意識の反応だ。売り手のアプローチがほんとうに正直であれば、相手は深いところでそれを感じとるものだ。したがって質問は心からのものでなければならず、決して脅迫的であってはならない。

初顔合わせは一回きりだから、知りたいこと、将来知る必要がありそうなことはすべて質問することが重要である。

◉秘訣　メモをとる

きっちりとメモをとることが肝心だ。相手の答えを忘れたら、その情報を再び得るのはむずかしい。一度聞いたことを忘れて再度同じ質問を繰り返すのはばつが悪いものである。忘れると契約を一つ逃す、と思うこと。

訪問のたびに、分厚いノートを一冊、ポケットPC、質問表を持参する。話し合いの最初にそれを出し、顧客が自分自身やビジネスについて話すことをすべて書きとり、記録する。三カ月後には、時すでに遅しで空欄があっても埋められない。

メモをとるとよいことが二つある。

一つには、取引に対する真剣さと、相手の発言を重視する態度をアピールすることになる。二つめに、メモは、顧客の言葉そのままというもっとも使いやすい形での情報となる。

【満足条件】を確定する際に、このメモには、はかりしれない価値がある。

◉秘訣　話をよく聞く

質問は理由があってするもので、ねらいは相手が知っていて自分が知らないことを知ることだ。質問しておいて答えに耳を傾けなければ目的にそむく。

人の話にじっくり耳を傾けることは容易ではないが、興味があって聞くときは別で、その場合は難なく相手の言葉が耳に入るものだ。

客の答えの意味がわからない、あるいは客が完全に答えなかったときは、自分にとって（ときには相手にとっても）明確な答えが引き出せるような別の質問をする。

きちんと質問に答えてくれる回数が多いほど、取引に何が必要かを正確に把握する確率は高くなる。同時に、相手の購入基準を満たし、取引が成立するかどうかの可能性をみる。

相手が話をしているときに次の質問を考えてはいけない。

まず聞いて、それから考えること。じっくり聞いていないと、相手の発言への反応が鈍くなる。もし興味がもてず注意が散漫になると、相手は即座にそれを感じとり、売り手を適格でないと判断するかもしれない。会話に集中すること。

◉秘訣　しゃべり過ぎない

売り手が話していると、客は当然「プレッシャー」を感じる。プレッシャーは質問や意見、反論を生み出してしまうものだ。この売り手は言いたい放題で自分の話を聞く気がない、と客は感じる。自分の言葉より、客の言葉のほうがはるかに重要なのだ。口は閉ざすこと。

もし対話の《四分の一以上》が自分の発言だとしたら、話し合いが順調にすすんでいないサインである。

なぜ客の反応が鈍いのか、なぜ自分が一方的に話し続けているのかをその時点で反省する必要がある。態勢が建て直せなかったら、相手がもともと無口なタイプだというよほどの確信がない限り、そこで商談は切り上げなければならない。

しかし多くの場合、反応の鈍い客は「望み薄の客」である。

◉秘訣　怒りにまともに対応しない、軽くいなす、または退散する

いらだっている、嫌味を言う、おどす、ののしる、その他いろいろな点で前向きでない見込み客と向きあったときは、営業を始めるまえにまず突破口をみつける。

相当のセルフコントロールと、自分の感情を昇華《しょうか》させようとする努力が必要だ。

このような微妙な状況になったら、なるべく感情を込めず、淡々と語りかけるのがよい。批判的になっても同情的になってもいけない。中立が一番だ。

「雨が降りそうですね」というときと同じようにさりげなく声をかける。

ステップ1　「お困りのようですね」

たいがいの人は腹を立てている理由を熱くなってまくしたてる。「まさに図星だよ君」という調子で始まるのがふつうだ。そこで何かが変わるわけではないから、顧客はますますいらだつ。

ステップ2　「やっぱりお困りのようですね」

決して「やっぱり」に力をこめてはいけない。怒りはしずまるかもしれないが、ひどくなることもある。

ステップ3　「またあらためてうかがいます」

このころになると、客は、たとえ本心ではなくとも大丈夫だということが多い。

ステップ4　そのまま続ける

相手がそのまま落ち着けば会話を続ける。また怒りだしたらふたたびステップ1にもどる。つねに淡々と語りかけること。どうしてもダメなら、ステップ5にいく。

ステップ5　退散する

「今はタイミングが悪いようですね。あなたにとってもわたしにとってもきっとプラスにならないでしょう。またあらためて機会をいただけますか。それとも、いただけませんか？」

先週同行したセールスパーソンは二人とも今言われた通りの方法をとっていました。

質問し、メモをとり、多くを語らず、客に話させるもので、そのときはずいぶん控《ひか》えめな手法を使う人たちだなとぼくは単純に考えていました。

実際、説得力があるようには見えなかったし、積極的とも思えませんでした。正直に言ってのんき過ぎるように見えました。今やっとのんきな手抜きのように見えたものが、【高確率セールス】の一部だということがわかってきました。

VP　いいぞ！　ところで二人の出来はどうだったかね？

サム　とうてい無理とぼくには思えた注文を取りつけて帰りました。なかには興味がないといっていた客もいたのです。興味がない客と話をするのは、「望み薄の客」に時間を浪費しないというルールに違反しませんか。

VP　いい質問だ。出発点を理解しはじめた証拠だよ。君の質問に対する答えは、【高確率セールス】の微妙なところをついている。

◉秘訣　意味のない合いの手は無視する

「興味がない」という言葉は意味もなく発される「合いの手」だ。質問に対する反応ではあるが《答えにはなっていない》。合いの手には意味がない。

セールスでは顧客はしばしば防衛手段として合いの手をつかう。

サム　「興味がない」と言われたとき、こちらは何も言わなくてよいということですか？

VP　そうだ。相手は答えを要求しているわけではない。ほとんど咳《せき》ばらいのようなものだ。声ではなく「音」だと思えばよい。

サム　相手が消極的なときは話を打ち切るのだと思っていましたが。

VP　その区別がまた微妙なのだ。音を出すというのは、たとえ消極的に聞こえても、除外すべき客であるというわけではない。

サム　もう少し説明していただけますか。

VP　たとえば、「あなたはパッケージ・メーカーの選定に責任がありますか」と尋ねたとする。相手が「新しいメーカーには興味がないね」と言ったとしよう。相手はこちらの質問に答えていない。

サム　質問の答えにはなっていませんが、発言を無視することはできません。

VP　できるよ。単に音としてあつかって、さらに説明を求めるのだ。「それはパッケージ・メーカーの選定があなたの責任であるということでしょうか、それともどなたかほかの方のお仕事ですか?」

「わたしが責任者だ、だが新顔には興味がない」、と言ったとしたら?

そのまま、合いの手は音として扱い続ける。

「弊社で納品している会社のほとんどは一つの生産ラインに二社以上のメーカーを使うことはありません。御社もそういうご方針でしょうか?」

やっとわかりました。相手が質問に答えている限り、関係のない発言は気にしなくてよい、ということですね。

そうだ。会話が続いてこちらの質問に答えてくれるということは、いつかどこかで抵抗を捨てる可能性があるということだ。

一方、もし必要がない、欲しくない、あるいは実際に予算がないということを明言した場合は、無視してはいけない。「望み薄の客」を相手にしている可能性があるからだ。

ほかに「望み薄の客」を識別する方法がありますか?

熱心さだ。「有望な客」はふつう売り込みに対してさかんに反応し、熱意もあ

る。「望み薄の客」はそうではない。

いつ、実際の見込み客で試させてもらえますか。

まず訪問先を見つけなければならないだろう。だから実際に動く前に高確率な【顧客発掘】の練習がいる。二、三日はとりあえず電話で【発掘】を試せば一石二鳥というわけだ。

明日から早速、スーといっしょに実地トレーニングを始めてくれたまえ。

第4章

高確率な顧客発掘

――アポイント稼ぎの間違い

翌日、サムはスーについてトレーニングを始めた。

サムは【顧客発掘】が大の苦手だった。今までの経験から、【発掘】は退屈でストレスが多く、しかも全然報われないと信じていた。考えただけで胸が悪くなった。

スーに会ったときからすでにサムは気が滅入っていた。スーは、デスクを片づけるからコーヒーでも飲んでリラックスしていて、と声をかけ、郵便物に目を通し、見積部門への見積もり要求を準備した。

待っているサムの目にはスーが開始をなるべく遅らせようとしているように見え、無理もないと思った。準備ができると彼女はリストを手にとって最初の会社に電話をかけた。

もしもし、こちらWPCパッケージのスー・グリーンです。ちょっとおうかがいしたいのですが。……そちらの会社のパッケージデザイン担当の方のお名前は？……マーケティングマネジャーのお名前のスペルを教えていただけますか？……ジャクソン？　下のお名前は？……ありがとうございます。今お話しできるでしょうか？……助かります。

もしもし、こちらWPCパッケージのスー・グリーンです。失礼ですがお名前は？……こんにちはドロレス、ちょっとおうかがいしたいのですが。ボブ・ジャクソンとお話しすべきなのか、それともほかの方に話すべきかよくわからないのです。商品パッケージの責任者はボブ・ジャクソンですか？

なるほど、それぞれの商品のプロダクトマネジャーが個別にパッケージをあつかうわけですね。お名前を教えていただけますか？……マイク・スターンとジェリー・シコウスキですね。どうもいろいろありがとうございました。今度うかがったおりにでも、ごあいさつにうかがいます。ではまた（電話を切る）。

サム　なぜマーケティングマネジャーに電話を回してもらったのですか？

スー　受付ではマーケティングマネジャーかセールスマネジャー以外は名前を出さないことになっている会社が多いのよ。もしパッケージ担当の人がわからなかったら、セールス部門のだれかと話をすればいいわ。

サム　それなら簡単そうだ。しかしマネジャー本人と話そうとしなかったのはなぜですか。彼の秘書と話していたわけでしょう？

スー　必要のない相手と話すのは時間のムダだからよ。

サム　パッケージの変更にはいずれどこかでマーケティングマネジャーが絡《から》んできますよ。

スー　それは確かにそうね。ジャクソンが意志決定に多少でもかかわるならいずれ話してみるつもりよ。でも最初に、うちのパッケージを見て決める立場にいる人とまず話をするのが最優先だわ。

サム　けれどマーケティングマネジャーと話せばあの会社について何か重要な情報が入ってきたかもしれません――マーケティング戦略とか、製品情報といったようなな。

スー　この段階では必要ないわ。まずあの会社が「有望な客」かどうか、それを確かめるのが先決なの。

サム　なるほどね。プロダクトマネジャーに電話するのですか？　それとも先にパンフレットとサンプルを送りますか？

スー　今から電話をするわ。パンフレットを送る、ということだけど、うちの会社は通常、請求されていないチラシなんかは送らないの。宣伝は年に二、三度のダイレクトメールだけね。

まもなくスーは三人のプロダクトマネジャーのうちの一人、マイケル・スターンに電話をかけた。

もしもし、マイク、こちらＷＰＣのスー・グリーンです。弊社では組み込み式四色刷りディスプレイ・パッケージを製造しております。組み立てはワンタッチ、納品時フラット・タイプです。この製品をご希望なさいますか、それともなさいませんか？

それは、今は変更なさるご予定がないという意味でしょうか？　それとも、将来にわたって変更のご予定はないということでしょうか？……というのはもし今後もお電話しないほうがよいということなら、構いませんのでそうおっしゃってください。

……わかりました。三週間ほどしたらまたかけてみます。そのときにアポイントの日時を決めるということでよろしいですか、それとも？……わかりました。

お目にかかる際の心づもりをさせていただきますが、どのようなことを達成したいとお考えですか？……わかりました。そういう種類のパッケージのサンプルをいくつかお持ちします。そうすれば試験注文の約束がその場でできますから。
いかかでしょう、今日から三週間後ということで仮に日時を押さえておいて、前日にこちらから確認の電話を入れる、というのでは？　よろしいですか？……何時ごろでしたらご都合がよろしいですか？……九時でけっこうです。ボブ・ジャクソンにもお目にかかれますか？……そうですか、ではそのときに。

サム　どうしてそんなことが言えるんです？

スー　言えるって何を？

サム　電話してほしくないならそれでも構わない？

スー　だってそうでしょう。こちらの製品が欲しくなかったり、わたしと話をしたくないという人のために時間をムダにしたくないわ。

サム　相手がパッケージの変更を今ちょうど考えていたとは運がよかったですね。

スー　運なんか関係ないわよ。彼の頭のなかには何か新しいものが必要だという考えが漠然とあったの。わたしの言い方からあまりしつこく勧める気がないということがわかったから、「どうしようか、まあ試しに会ってみよう」と思ったわけ。

こちらの求めることを率直に話せば、たいがいの人は率直にこたえてくれるわ。そうすれば時間と労力の浪費がずいぶん防げるのよ。

サム　会ったこともない買い手に試験注文をもちかけるなんてかなりあつかましい気がします。

スー　あつかましいのではないわ。わたしが正直に話しているのが彼にわかったからよ。ビジネスの場でも、真実は生きるの。それに社交的な訪問でサラリーをもらっているわけではないでしょう。

スーはそのあともう一人のプロダクトマネジャーに電話をした。シコウスキは不在だったので、別の会社に電話をかけた。

もしもし、レイ・ジェファリをお願いします。

もしもし、レイ、こちらＷＰＣパッケージのスー・グリーンです。六週間前にお話ししたときは、パッケージ変更にともなう予算が認められたかどうかを、今の時期にもう一回電話して確かめてみてくれとおっしゃっていましたね。予算が認められたら、納品時フラットタイプの組み込み式、四色刷りディスプレイ・パッケージに変えてみてもよいとのことでした。

……それは今のパッケージを変更なさるご予定はないということでしょうか？　それともまたあらためて電話するようにということですか？……いいえそんなことはありません。そちらの会社で、パッケージのことについてお話しさせていただける方がほかにいらっしゃいますか？　たとえばほかの生産ラインなどで？……いいえけっこうです。メーリングリストはこのままでよろしいですか？……わかりました。

ご要望に合う新商品が出ましたらまたお電話します。では。

サム　どうして今でも希望に沿う商品があると言わなかったのですか？

スー　今はのってこない感じだったからよ。関心のないことに関心をもたせようとして時間をムダにするのはもったいないわ。

サム　どういうことですか？

彼は「有望な客」ではないの！

スーは次の会社に電話した。

もしもし、ミスタ・ガーソンですか？　こちらはＷＰＣパッケージのスー・グリーンです。……ええ、お忙しいのはよくわかります。かけ直しましょうか？……ミスタ・ガーソン、ご迷惑でしたら、そうおっしゃってくだされば、二度とお電話しません。……ええ、わかりました。休暇のあとですね。いつお帰りですか？

……水曜日……ではその翌週の月曜日の朝またかけてみます。うかがう日時はそのときに。……わかりました。ではまた。

すごい！　タフだなあ。マユひとつ動かさずに、話したくないならはっきりそう言えと言えるのですね。もしもう電話するなと言われたら、どうするつもりだったのですか？

スー　どうするつもりか、ですって？　言うとおりにしてあげるのよ。あとでだれかほかの人にかけてもらうかもしれないけど。

サム　まるで、ことわるようにあなたのほうから仕向けていましたよ。

スー　とんでもない、ノーならノーとはっきり言って、と頼んだだけよ。わたしと取引したくないなら、ムダな時間を使う前にわかるほうがありがたいわ。

サム　では、もう電話するなといわれたら、ほかの人にかけてもらうのはなぜですか？

スー　彼はまだ除外されたわけじゃないのよ。

サム　なぜです？　何をしたら除外されるのですか。

スー　「買う予定も意志も資金もない」、と先方からはっきりした意思表示がないとね。

サム　条件に会う人を選びとる側だから気楽ですね。

スー　あべこべよ。わたしは条件に合わない人を《除外する側》。選んでいるのは客のほう。こちらの質問に答えることによってね。だからわたしは率直な答えが欲しいの。だましてアポイントをとるようなことはしないわ。

セールストレーニングのコースでは、ひたすらアポイントを稼げというところもあるの。じょうだんじゃないわ。完全に資格を満たした「有望な客」だけに会いたいのよ。

「望み薄の客」に時間をムダに使うなと言いますが、「有望な客」はたくさんいるということですか?

そうね。「見込み客」ならたくさんいるわ。うちの営業のスタッフが全員で手分けしても三年かかって終わらないくらいね。

でもどんなときでも、「有望な客」の数は少ないのがふつうよ。それを見つけ出すのもわたしたちの仕事なの。どうするかといえば、なるべく多くの見込み客にコンタクトする。それも短時間で、「有望な客」をふるい分けるという意図をはっきりもって行うこと。

「有望な客」にだけ時間を使うこと。「望み薄の客」はすべて除外するのよ。

理解を深めるために少しつけ加えておきましょう。

除外のプロセス

ねらいは、商品に対するニーズがあり、商品を希望し、費用をまかなえる見込み客、今すぐこちらから買う意志のある顧客だけに時間を割くことである。

こちらが提供する商品に対するニーズがあり、商品を希望するという顧客からの意思表示がない限り、アポイントもとらない、ということを肝に銘《めい》じておく。そういう意思表示がある客は積極的に会いたがる。アポイントを稼ごうとしてはいけない。

電話の間じゅう、相手が「自分は除外すべき客である」ということを示す機会を与えるためにあらゆる努力をする。そういうわけでこのようなプロセスは「除外」といわれる。

アポイントをとる前に、顧客から次の情報を得る。

❶ 商品を希望しているか？
❷ アポイントの設定に積極的か？
❸ 今でないとすれば、いつがよいか？
❹ 今でないとすれば、後日また連絡してほしいと希望しているか？
❺ なぜ先方はその時に会いたいのか？
❻ 会って何を達成したいか？

ほかにもその時どきの状況に応じた「除外」の質問もある。

【発掘】の電話の数をこなすうちにセールスパーソンは効率のよい質問ができるようになり、「望み薄の客」の除外が短時間でできるようになる。皮肉なことに、除外されまいとして向こうからアポイントをとる顧客が多い。

サム　「望み薄の客」にまた電話してもいいかと聞くときに、「会って何を達成したいか」までつけ加えるのはなぜですか。

スー　はじめ「望み薄の客」だったからといって、ずっとそのままかどうかわからないでしょう。将来あらためて有望という格付けのなかにはいれる余地は残してあげないとね。

サム　もし「有望な客」になる可能性のある相手だとしたら、今知り合ってつながりをつくるのも意味があるのでは？

スー　さしあたってこちらの商品を買う気のない人が、こちらの話に耳を傾けると思う？

サム　よい戦略だと思ったんですけどね。

スー　先方から会おうと言って、今または近い将来に会って取引が成立する可能性があると思ったらよろこんで会いに行くでしょうね。でも先方が相当はっきり会うと言ったときだけよ。

サム　強気のフリをする意味は？

スー　フリをしているわけじゃないわ。コミットメントをする気のない見込み客に時間を使いたくないだけよ。

サム　ＶＰもよく使っていますが、そもそも「コミットメント」とはどういう意味なのですか?

スー　コミットメントは【高確率セールス】の中心テーマよ。コミットメントをもらった相手にだけ資源をコミットする。あとでＶＰが説明してくれるでしょうけど、うちの営業スタッフは客にコミットし、客からのコミットメントを要求するの。【高確率セールス】で肝心なのはそこよ。つまり《コミットメントのやりとり》ね。

サム　そこのところをもっと詳しくお願いします。

スー　今はダメ。午後ＶＰに会ったときに聞いてね。わたしの担当はあなたに【発掘】を見せることで、方法を教えることではないの。

スーは別の番号に電話した。

もしもし、ミスター・ランディ、こちらＷＰＣのスー・グリーンです。弊社では組み込み式四色刷りディスプレイ・パッケージを製造しております。組み立てはワンタッチ、納品時フラット・タイプです。この製品をご希望なさいますか？……うちの製品をよくご存じだという意味ですか？　それとも、ご存じないという意味ですか？……わかりました。さようなら。

サム　いったいどうしたんです？　一〇秒かかっていませんよ。

スー　向こうは「知っていようがいまいが、おたくには関係ない」と言ったのよ。話す気はないと言って先方が自分からおりたの。

サム　少しは興味を引くようなことを言ってもよかったのでは？

スー　まあね。でも〝クラブの6〟にむかって、あなたは〝ハートのＡ《エース》〟だと説得するために時間をムダにするのはまっぴらよ。だからさっさと除外したの。

サム　「6にむかってＡだと説得する」とはどういうことです？

スー　たとえばトランプをワンセット、裏返してひろげるわね。あなたがそのなかから二分間以内にAを見つけたら、わたしが一枚につき五ドル払うとするの。最初にひっくり返したカードが6だとする。6がAだと言い張るのにどのくらい時間をつかう気になる？

サム　たとえというものには必ず穴があるのです。必要ないと言っていた人にほんとうは必要だと説明して、買ってもらったことがありますよ。

スー　カジノがスロットマシンで儲ける理屈ね。ときどき当たりがでないと、お金を捨てつづける人はいなくなる。でもスロットマシンをよく知れば、いつか必ず破産させるようにできているのがわかるわ。プログラムの設定がそうなっているのだから。

サム　つまり、「アポイントを稼ぐ」方式は概して負けるというわけですね。

スー　実際に売れた商品の数ではなくてとったアポイントの数だけサラリーが出る、というのなら別だけど、アポイント稼ぎなんてまったく勝ち目のないアプローチよ。

サム　さんざん言われてきた、人間関係をつくる、初対面の印象をよくする、性格を分類する、といったことはどうなるんでしょうか。

スー　国会議員に立候補するのならそれでいいでしょうけど、【顧客発掘】をするときは時間のムダよ。高確率な【顧客発掘】のメリットは「有望な客」と認めた人だけに会うことなの。

サム　ひどく簡単そうに聞こえます。あらゆる人に話を聞いてもらおうとするのでなければ、あとは手間もかかりませんから。

スー　そこがねらいなの。

サム　それにもし「ノー」と言われても、どうしても会ってくれと頼んでいるわけではないから、拒否された、とか失敗したというような気はしませんね。ひたすら「有望な客」を識別しているだけですから。

スー　そのとおりよ。売っているときに拒絶されることはイヤというほどあるわ。でも識別しているときに拒絶されるということはないでしょ。

スーは何回か電話をしたが、なかなかめざす相手につながらなかった。最後にようやくジャック・マグナムをつかまえた。

もしもし、ミスタ・マグナムですか？　こちらＷＰＣのスー・グリーンです。弊社では組み込み式四色刷りディスプレイ・パッケージを製造しております。組み立てはワンタッチ、納品時フラット・タイプです。この製品をご希望なさいますか？

こういう種類のパッケージをご希望なさいますか？　それとも、なさいませんか？……そうです、ふつうの段ボールに比べたら割高になります。……商品の見た目のセールスポイントをアップするためにコストをかけるお気持ちはありませんか？……よろしければお目にかかって、この製品を使って運搬・組み立て・保管のコストを下げられるかどうかご相談いたしましょうか？

もし弊社のパッケージが御社の基準を満たしたら、いかがなさいますか？……そういうことでしたらいつおうかがいすればよろしいでしょうか？……申し訳ありませんが火曜日の一〇時半は、都合でうかがえないのですが。

午後でしたらいかがでしょう？……わかりました。ではそのときに。さようなら。

すごい！　コミットメントの話までもちかけるのですね。会ったこともない、うちの製品を見たこともない相手にむかって、どうするつもりか質問するなんて、とても信じられません。

なぜ？　コミットメントのことはさっきもいったでしょ。うちが一定の基準を満たせば取引をするというコミットメントがない限り、わざわざ出向くのはおことわりよ。

スーはさらに何回か電話をしたが、話し中でつながらなかった。次にミセス・カプランあてにかけた。

もしもしミセス・カプラン？　こちらＷＰＣのスー・グリーンです。弊社では組み込み式四色刷りディスプレイ・パッケージを製造しています。組み立てはワンタッチ、納品時フラット・タイプです。この製品をご希望なさいますか？

それは組み込み式四色刷りディスプレイ・パッケージをご希望ということでしょうか？それとも違いますか？……そのあたりが解決されれば、ただ今申しあげたような種類のパッケージをご希望なさいますか、それともなさいませんか？……ほんとうにそうお考えですか？

弊社の商品がご希望のものかどうかご覧になりたいということでしたら、おうかがいしますが？……それでもし、パッケージが御社の基準をすべて満たした場合、いかがなさいますか？……いつがよろしいでしょうか？……水曜日の午前九時ですね。ではそのときに。さようなら。

その「それともなさいませんか？」はちょっとひっかかります……。
「ご希望なさいますか、それともなさいませんか？」といわれるたびに、ぎょっとします。

相手にとっては耳ざわりでもなんでもないわ。実際、これで相手はイエスならイエスと言いやすくなるのよ。ノーを言ってくれても構わない、と相手に伝えることで、抵抗を減らすとともに、その後も責任を持って交渉を続けてもらうことになるの。ノーと言っても構わないのだとわかると、たいがいの人は腹を割って正直に話したくなるのよ。

ここでは直観を信じないこと。「それともなさいませんか？」と念を押すと、否定的でかどが立ちやすく、ノーといわれる確率が高くなるような気がするかもしれない。でも実際は正反対なの。

サム　ミセス・カプランにうちのパッケージが欲しいかどうかと繰り返し聞いたのはなぜですか？　相手は情報が欲しいのに、あなたが渋っているように聞こえました。

スー　彼女は値段と納品時期のことを聞いてきたのよ。顧客がうちの商品を欲しがっているとはっきりわかるまでは、そこまでの話はしないの。話を進める前に、売ろうとしている商品を相手は希望している、あとは条件しだい、ということを確認するのが先。

サム　いくつか質問に答えてもらわないとこちらの商品が欲しいかどうか決められない、という顧客についてはどうしますか？

スー　だったら質問には答えることね。

でも、「ほかの点がなんとかなれば、弊社のパッケージをご希望なさいますか、それともなさいませんか？」と聞けば、質問に答える必要は当面なくなるのがふつうよ。

サム　話を切り出すときに、毎回同じ口上で始めるのはなぜですか？

スー　「もしもし、こちらＷＰＣのスー・グリーンです。弊社では組み込み式四色刷りディスプレイ・パッケージを製造しています。組み立てはワンタッチ、納品時フラット・タイプです。この製品をご希望なさいますか？」という、あれのこと？

サム　そうです。どうしてそんなふうに言うのですか？

スー　提供する商品のイメージを一瞬で頭のなかに描いてもらいたいということなの。《オファーの言語化》よ。自分のオファー文句を簡潔明瞭にするまでに、試験的な【発掘】電話を何十回もしたの。そのときの相手の反応をもとに、また少し削って九〇字程度にしたわ。オファーは短ければ短いほどいいの。

サム　ぼくには同じ言い方はできないと思います。

スー　全然構わないわ。自分のオファーは自分の言葉でするべきだし、自分でちゃんと意味がわからないとね。

自分の言葉に効果があるかどうかは、すぐにわかるわ。もし相手に理解できなかったり、抵抗を引き起こすように見えたりしたら、オファーの言葉を変えなければいけないの。

慣れないとどうしても話が長くなりがちね。なるべく短く、《一〇〇字以内》におさえること。しばらく使っていると、何が効果的かわかるから。

サム　どうしていつも同じ声のトーンで顧客と話すのですか？

スー　抵抗を引き起こすのは、言葉だけじゃないのよ。

押しの強い声も問題なの。大切なのは、なるべく淡々と《感情を込めない》でオファーを言葉にすること。

【発掘】のときはいつも淡々と感情抜きのトーンを使うのが鉄則よ。よけいなことをつけ足せば抵抗を引き起こすわ。短く、シンプルにね。

サム　そろそろランチタイムですが、サンドウィッチはいかがですか？　買ってきますよ。

スー　ありがとう。でもダメなのよ。もうすぐ取引先とミーティングなの。商品を見せて注文をもらうのよ。

サム　商品を見せてコミットメントをもらうということですよね？

スー　いいえ、もうコミットメントはとっているの。

サム　商品を見せていないのに、どうやってコミットメントをとったんです？

スー　【高確率セールス】では、相手からのコミットメント、つまり《基準を満たせば必ず買うという明言》がない限り商品のデモンストレーションはしないの。今言っていることはあなたを混乱させるだけだと思うけど、ＶＰがちゃんと説明してくれるわ。
　耳で聞くより実際はずっとやさしいのよ。今は見込み客の「高確率な【顧客発掘】の原則」だけしっかりおさえておいて。

高確率な【顧客発掘】の原則

❶ オファーの言葉はあいさつと自己紹介を含めて一〇〇字以内にする。
❷ 商品を希望するかどうかを相手に尋ねる。
❸ イエスであれば、取引を目的とする商談の場をもうける気があるかどうか相手に尋ねる。または、
❹ 見込み客から、またコンタクトしてほしい、そのときに話を進めたいから、というはっきりしたコミットメントがあったら指定の日時にもう一度コンタクトする予定をスケジュールに入れておく。
❺ こちらの質問に対し、一度でも否定的な回答があった場合は電話を切り上げる。相手がある時期が来たら「有望な客」になる可能性を示した場合に限り、再度電話するようにスケジュールに入れておく。相手のためらいを感じたら、ノーをいうのは全然構わないということを保証する。
❻ 商品を希望しない、あるいはこちらからは買いたくない顧客は除外する。

昼食の後、サムはＶＰのオフィスに戻った。

VP　スーの【発掘】を見て、どんなことがわかったかね？

サム　実に多くのことを学びました。もともと熱心な顧客から手をつけていったような感じです。

VP　なぜそう思う？

サム　ほとんど抵抗がなかったからです。実際、彼女が声をかけた相手はほとんどみんな興味を示しました。かけた時間から考えると実に多くのアポイントをとりました。かなりしぼりこんだリストで電話したに違いありません。

VP　スーは職業別電話帳からとった、ごくふつうの社名リストを使ったのだ。

サム　ほんとうですか！　ほとんどの見込み客は選び抜かれたとしか思えない反応を見せましたよ。

VP　「除外」プロセスの効果を実感したようだね。こちらがプロセスをコントロールして、相手のほうが自分から適格であると証明しなければいけなくなると、結果は君が見たとおりになるのだ。

サム　なぜでしょう?

VP　こちらがアポをとって押し売りする気がないとわかると、顧客はいつもの販売抵抗を起こさない。「有望な客」は、売り手が礼儀正しく自分を除外しようとしている、と気づくと自然にはずされまいとするものだ。

サム　それは昔からいわれる「あまのじゃく」の心理ですね。

VP　どうだか知らないが、策を弄《ろう》しているわけではない。ただ、われわれのしていることは、昔ながらの「アポイント稼ぎ」よりはるかに効率がいいということは確かだ。

高確率な【顧客発掘】は、《識別プロセス》であってセールスプロセスではない。この判定プロセスによって、セールスパーソンは、商品に対するニーズがあって、商品を希望している顧客だとあらかじめ知ったうえで会うことになるのだ。

サム　前の会社では【発掘】のときは、何を売るのかは隠せと教わりました。アポイントをとるために最低限必要なことだけを言うように、と。

「有望な客」は、本気で買うつもりだから特に用心深い。その結果、信用がおけない相手に対しては買う意志を見せることをためらう。見込み客は売り手と同じくらい神経をとがらせている。

もし売り手がはぐらかしたり、詐欺《さぎ》まがいのアポとり戦術を使ったりしたら、すぐに察知して売り手を信じなくなる。

逆に、こちらのオファーを簡潔に伝え、無理強いも説得も策略もなく相手に選択をゆだねると、こちらが売ろうとしている商品が欲しいかどうか、考えてみてくれるものだ。反射的にことわるのではなくてね。無理やり押しつけられると無意識に人は抵抗し、意地悪くのらりくらりとかわしてしまうことが多い。

【発掘】のときに、スーのように楽々と気持ちよくできればいいのにと思います。

辛抱強くやることだな。そう時間はかからない。まず自分のオファー文句を決めることだ。売ろうとしているものを簡潔明瞭に描くように言葉を選びたまえ。

スーと同じような言い方をするとどうもしっくりこない気がするのですが。

心配はいらない。同じことを言う必要はないんだ。またしっくりこないからと

いってあまり気にする必要もない。

　新しい環境が最初から快適という人はほとんどいない。家でも新しいときはなんとなく落ち着かないが、しばらく住んでみるとしっくりなじんでくるものだ。

　スーも高確率な【顧客発掘】の研修中は、しっくりこなくて悩んでいた。【発掘】だけでなくどの段階も自分のものにできるまではずっと違和感があったらしい。

違和感があると、うまくできないと思うのですが。

だれだってそうさ。学習中は変な感じだよ。特にセールスだとね。
ほんものの見込み客を相手に練習しなければならないし、だれだって人前でよく思われたいものだ。何度も試すまではカッコよくできないというのが前もってわかっているから、よけい神経質になる。至極当然だし、避けては通れない道でもある。
　最初の何回かはうまくやろうというのは忘れることだ。君の上司はわたしだし、わたしも忘れることにしよう。大切なのは訓練だ。売上げは後から自然についてくる。

サム　だといいのですが。

VP　自信のない言い方だな、何を心配している？

サム　あなたのやり方をずっと見させていただきましたが、何もかも、ぼくが教わったことや読んだセールス関係の本とまるで違うのです。

VP　昔のやりかたに感心していたわけではないのだろう？　ほかのことを試したからといって失うものがあるかい？

サム　たいしてないでしょうね。しかしどういうふうに全体が一つにまとまるのか、まとまったものを扱いきれるかどうかがわからないので不安なのです。

VP　未来に何が起こるかわからないから不安だというのは、みんな同じさ。「成功は不安と引きかえに訪《おとず》れる」ということを覚えておくといい。新しいことに挑戦するのに居心地の悪い思いをしないようでは、成功することなどありえない。

サム　自分のしていることが正しいとわかっていれば、少しでも不安は解消できると思うのですが。

VP 正しいとか正しくないとかいうことはない。セールスでは、「正直」と「誠実」の範囲内で行われることはすべて正しいのだ。

サム ところで、お聞きしようと思っていたことがあります。ほかの業種で使われる【高確率セールス】のオファー文句をいくつか教えていただけませんか。

VP なぜだね？

サム 例があれば全体のプロセスものみ込みやすくなり、自分でオファーを決めるのも容易になると思います。

VP なるほど。【高確率セールス】のアプローチを使っているほかの業界の友人が二人いる。一人は保険会社、もう一人は安全教育会社だ。かれらがオファーをつくるのを手伝ったことがある。こんなふうだ。

▼こちらはプロテクション保険代理店のジョン・ボードマンです。政府の医療保障が利かない高齢者福祉施設の介護費用、それに見合った在宅介護費用をカバーする長期介護保険を扱っています。ご加入を希望なさいますか?

▼こちらはステイ・セーフ安全教育カンパニーのジェーン・ルイスです。職場の内外の事故率をおよそ六五%強削減する安全教育を行います。こういったサービスをご希望なさいますか?

サム　わかったような気がします。たしかに簡潔明瞭ですね。

VP　それこそわたしが目指したものだ。

サム　最後に、「コミットメント」についてうかがいます。スーは【高確率セールス】で「コミットメント」が果たす役割についてあなたに聞くようにといいました。

VP　いいタイミングだ。コミットメントというのは【高確率セールス】の土台だよ。われわれのアプローチに技術というものがあるとすれば、それは脅迫的でない、言い方で相手に《コミットメントを頼む話術》だ。見込み客はいつなんどきでも一切強制を受けずにイエスまたはノーを選択する自由を与えられる。どちらの答えでも、顧客の決定にこちらは満足するということをはっきり伝える。イエスの答えを引き出すための操作は一切しない。

なかなか理解してもらえないのだが、【高確率セールス】では、顧客は「ノー」と言っても「イエス」と言っても同じように歓迎される。

われわれは顧客と会うときに、契約をとること自体にのめりこむのではなく、【高確率セールス】のプロセスに専念するからだ。このアプローチは大きな成功を収めてきた。

【高確率セールス】を実践しているセールスパーソンは顧客との間にしっかりした信頼関係を築いている。そして、自分のしていることに対する自信を持っているのだ。

第5章

ニッチなターゲットを見きわめて確率UP

サム　商品ディスプレイを使う会社が全部ＷＰＣの見込み客というわけではありませんね？

VP　そうだね。潜在的な市場ではある。
しかし効率的に仕事をするためにはターゲットを絞ってエネルギーを集中するほうがよい。弊社のパッケージに対するニーズがあり、希望し、資金のある顧客だけを相手にしようとしたら、後の時間の節約も考えて少し下準備をしなければならない。
しかし顧客を【発掘】する前に、まず《自分の会社が何に強いか》を認識しておくべきだ。

サム　会社の強みが【発掘】に何の関係があるのですか？　強みは、ライバル社との競争のほうに関係するのではありませんか？

VP　ちがうな。なるべく競争力のあるところで勝負をしたいということなのだ。そのためには、こちらが売り物にしているものを高く買う顧客と取引しなければならない。

サム　市場競争力はどうしたらわかるでしょうか？

VP　どの業界でも市場競争力には「価格・品質・サービス」の三つがある。一般に、競争市場では、どんな企業も《三つを同時に提供はできない》。

サム　納期厳守などはその三つのうちのどこに当てはまるのでしょうか。

VP　場合によりけりだ。パッケージ産業の場合だとサービスにあたる。

サム　いつもそうとは限らないわけですか？

VP　考えてもみたまえ。たとえば宅配便業界だったら、納品そのものが商品だよ。定刻納品は品質の目安だ。荷物の追跡や料金請求システム、接客マナーなどがサービスになるのだ。

サム　最高の製品、最高のサービスを最低価格で提供する、と言っている企業はどうなりますか？　そういうケースが多いですが。

VP　看板に偽りあり、で、しかもそれを自覚していることが多い。さっきも言ったように、競争市場ではその三つすべてに抜きんでることは事実上不可能だ。たとえば、質のいい靴は、時間をかけてなめした子牛の革とナイロン糸でつくる。こういう革靴のメーカーは、革のかわりに合成皮革を使うメーカーには価格の点で競争できない。どんな産業でも似たようなことがいえる。三つすべての分野で同時に卓越することはほぼ不可能だ。

よくわかりました。すぐれた顧客サービスの提供にはコストがかかる。だから高いレベルのサービスを提供するには、ほかより高い料金を設定しなければならない。

そのとおりだ。価格・品質・サービスの各分野で自分の会社が売り物にできるのは何かを決めることが第一段階だ。そうすれば、セールスをするときにどの市場区分が自社の強みに最も適しているかがわかるのだ。

ここをしっかり押さえられれば、見込みのない顧客につぎ込む時間を節約できる。

しかし、わが社は価格・品質・サービスともに最高水準、という紹介をついし

たくなるものでしょう？

VP　ならないね。目的は商品を売る、それも《効率的に売る》ということだ。早いうちから自社の価格・品質・サービスの組み合わせを決める。その組み合わせに対するニーズがあり、希望し、コストも払える市場区分に的《まと》を絞ってアピールするのだ。

うちの場合は品質とサービスは申し分ないが、価格は競争他社に比べて高い。

サム　もし値段の安さだけを求め、粗悪品でいいという顧客がいたら？

VP　あまり考えられないな。事例をあげてみてくれ。

サム　塩、とか砂、とかいった日用品の場合はどうでしょう？

VP　塩を売ろうとしても、味が悪かったり、においがひどかったとしよう。どんな値段でも売れないのではないかね。

サム　たとえば氷を溶かしたり、ほかの用途のためならまだ売れるかもしれません。

VP　そう簡単には行かないよ。塩の入れ物に穴や裂け目ができたら運送や保管の引き受け手がいなくなるから、金を払って特別の梱包材を準備しなければならない。実際に取り扱う人から苦情が出るかも知れない。さらに一カ所で大量に使うと大変なことになる。

サム　わかりました。例がいけなかったですね。砂はどうでしょう？

VP　どこに持ちこむつもりかね？

サム　たとえば石材工務店や道路建設業者に売るとしたら？

VP　純度と均一性が問題になる。もし砂に有機汚染物質が混じっていたら、石材工務店は有機物が腐敗したときにモルタルが弱くなるのを恐れて買わない。道路建設業者も同じだ。砂が乾燥しているか湿っているか、あるいはコンクリートの強度を弱める塩を含むかどうかで大きな違いがでてくる。色が均一であることにこだわる工務店もある。

サム　砂を売るとしたら、サービスはどう関わってきますか？

VP　工務店側にとっては死活問題だ。砂を採石場までピックアップに行かなければならないか、現場まで運んでもらうか？　袋入りが欲しいか、それともバラで欲しいか？　必要なときに搬入してもらいたいか、それとも自前で取りに行くほうがよいか？

サム　そういう状況だと業者がサービスを重視するということは理解できます。しかし砂の値段を見て高い、と思ったときに、業者は品質やサービスを計算に入れるでしょうか？

VP　もちろん入れるさ。だから「ターゲット・マーケット」のニーズと希望に向けて、こちらのオファーを明確に言葉にすることが重要になってくる。

たとえば一部の石材工務店は工事現場まで直接砂を運んでもらいたいと希望する。正確に計量済み、連絡後数時間以内という条件がつく。このように、あるグループの顧客の要望がきっちり限定されるとき、これを「ニッチマーケット」（特定市場）と呼ぶ。

サム　ではもし砂の品質がよく、納期も守れれば、エリア内でのマーケット・シェアはかなり上がるはずですね。

VP　そうだ、しかしそれはエリア内にそういう特定のサービスを評価するマーケットがあるかどうかによる。そんなサービスのニーズがなく、希望もしない工務店がたくさんあるかもしれない。

サム　たとえばどんな?

VP　ダンプカーを所有していて、砂の運搬料を払うより自分で取りに行くほうがいいという業者の場合はどうかね?　または工事現場に保管場所が十分にあるので、最初の一括納入で結構という業者もいるかもしれない。

サム　市場競争力やニッチマーケットを割り出すのはかなりややこしい作業ですね。

VP　実際はそうでもない。きみもわたしも工務店や砂のことをほとんど知らないから、そう思うだけだ。日常的に業者と接していれば、彼らのニーズがビジネスになるかならないかわかるものだよ。

サム　つまり、大勢の業者とニーズや希望についてよく話をしていれば、どうしたら先方の要望に応えられるか、仕事がもらえるかよくわかるということですね。

VP　そういうことになる、ただしわれわれに相手のニーズや要望を満たすことができればという条件付きだがね。自社商品の市場競争力を熟知したうえでニッチを見つけることができれば、スムーズにいくだろう。

サム　パッケージの話にもどりましょう。わが社のパッケージに対するニーズがある見込み客を見つける、ということですね？

VP　そうだ。ほかに「希望している」と「資金がある」の二点を加えなければいけない。うちの商品を希望し、資金がある、それが条件だ。さらにもう一つ、いま買いたいと思っていなければならない。

サム　確かにそうでした。するとぼくの仕事は、今すぐにでも買うという見込み客を見つけることになるのですね。

VP　そのとおり。

サム　しかし、たとえ今すぐ買う態勢でなくても、ほかの点では条件を満たす相手なら、とりあえず人間関係をつくる努力をしてはいけませんか？

VP ビジネスのうえでのよい人間関係というものは、しつこくつきまとったり、ランチをともにして雑談をすることではつくれない。

買う気のない相手は、ふつう忙しくてセールスパーソンのために割く時間はほとんどない。それに、あまりいつもヒマでビジネス以外に割く時間が多いと、時間をムダにする無能な人間だと思われる。

ビジネス上のよい人間関係は、相手への敬意と信頼にもとづく双方向のやりとりを土台にする。顧客はすでに取引のある相手が本当のことだけを言い、やるといったことは常に実行してさえいれば、仕入先をいきなり変更するようなことはまずない。

サム わが社のスタッフが手近なニッチマーケットをすでに網羅《もうら》したのではありませんか？

VP まさか。未発見のニッチマーケットはいくらでもある。まずＷＰＣが競争力を発揮しているより大きなニッチマーケットを見てみることだ。そのニッチマーケットのなかで個々のセールスパーソンは、自分が詳しい知識や特別なスキルを持っている特定マーケットを開拓するのだよ。

サム　WPCの商品のニッチマーケットは、展示の際にパッケージが必要な壊れやすい商品を製造する消費財メーカーですよね。

VP　それは確かにわれわれがかなり強い競争力を持つニッチの一つだ。しかし消費財とは限らないよ。電子部品や電子機器部品など、ほかにもたくさんの商品に向けた包装資材を提供している。

サム　WPCはどのようにしてそんなに多くのエリアに参入したのですか？

VP　何年もかけて一人ひとりのセールスパーソンたちが、需要が満たされていないニッチマーケットを一つ一つ探り出したのだよ。わかりやすいニッチもあるが、特定の業界知識と創造力がないと見えてこないニッチもある。

サム　ぼくの場合は長い間パッケージ産業だけで働いてきたのが問題です。ほかの業界のことはほとんど知りません。

VP　自分で考えているよりずっとたくさん知っているよ。パッケージ会社のグラフィック・アート部門にいただろう？　美術材料の包装に詳しいのじゃないか。

サム　もちろんです。インクと特殊用紙、小型機械や機械部品関連の仕事もしたことがあります。

VP　ほかの包装材料関係の顧客についてはどうかね？

サム　なるほど、そういうことですか。パッケージ産業でのいろいろな経験がみな役に立つわけですね。

VP　そうだよ。すでに知っていることについてほんの少し創造的になればいい。まだ補足すべきことはあるが、そろそろ自分で【顧客発掘】にとりかかってもいいころだ。何日か後にまた話そう。

数日後

VP　調子はどうだい？

サム　上々です。この数日【顧客発掘】にかかっていますが、オファーを最初の三分の二ぐらいまで短く削ったら、ぐんと成果があがりました！　でも実は一つ問題があるのです。【発掘】をしていると、つい「売りたい」衝動にかられてしまうのです。

VP　それを問題だと思ってくれてうれしいよ。みんながつまずくところなのだ。特にベテランのセールスパーソンがね。とにかく自覚するしか方法はない。【顧客発掘】をしながら売ったり誘導していることに気づいたら、《すぐやめて【発掘】にもどる》こと。

サム　どうしたら自分が「売りはじめている」とわかるでしょうか？

VP　注意信号が二つある。
第一に、【顧客発掘】をしていてストレスを感じたら、すでに「売り」の姿勢にシフトしている。
第二に、【発掘】の電話が三、四分以上になったらおそらく売っている。

サム　それだけですか？

VP 簡単そうに聞こえるが、実はそうでもない。客の【発掘】がきちんとできるようになるには時間がかかる。最初のうちは特に、ときどき「売り」にずれていくことがあってもそう深刻に悩むことはないよ。

サム あなたの場合は【顧客発掘】から「売り」を排除するのにどのくらい時間がかかりましたか?

VP 今でも危ないときはあるさ。【発掘】には年季がはいっているはずだがね。しかし気がついたら軌道修正する。

サム あなたくらいになってもそういうことがあるのですね、少し安心しました。

VP 覚えておくといい。オファー文句が適切ならば、こちらが売ろうとしてもそれを止めるような反応が返ってくるものだ。

サム 返答につまることもあります。「今のメーカーで満足しているのに、どうしてそっちから買うのかね?」と聞かれたことがあります。

VP どう答えてよいかわからない反応があったときに、少なくとも二通りの答え方がある。

「ご質問に対してご満足のいくような答えがみつかりません。どういう答えならばご理解いただけますか？」あるいは、「うちとお取引していただくことは難しそうですね。この商品をご希望なさいますか、それともなさいませんか？」

どちらの言葉も淡々と感情抜きで話さなければならない。

サム　そうしながらこちらも【発掘】のプロセスに戻るわけですね。

VP　そのとおり。さらに、相手がプレッシャーも緊張も感じないで「ノー」と言える素地をつくることにもなる。もし「ノー」と言われたら、相手が「望み薄の客」だとわかる。

サム　もしほんとうにうちの商品に興味がある相手だったら？

VP　興味がある、と相手が言ったとしても営業的な価値は全然ない。興味を示してもコミットメントをしていることにはならないからね。しかも「興味がある」というのは買う気がない人が好む婉曲《えんきょく》なおことわりだ。

大切なことは相手がこちらの商品を希望するか、しないかだ。本物の「有望な客」に当たればすぐにわかる。ときには見逃すこともあるかもしれない。それでも「望み薄の客」にムダな時間を延々とつかうよりましだよ。

サム

オファーを伝えるときに、相手が「それはおもしろそうだ」と言ったら何と答えますか?

VP

わたしなら、「おっしゃっているのは、わたくしが説明しているようなものを希望なさるということですか、それともなさらないということですか?」と尋ねるだろうね。

この質問には答えてもらわなければならない。「たぶんね」とか「わからない」とか、「そうは思わない」あるいは「考えておこう」と言われたときも、同じ質問で対処する。

サム

「パンフレットか何かを送ってもらいたい」と言われたら、何と答えますか?

VP

わたしはふつう、「遠回しのおことわりの意味でそうおっしゃる方が多いのですが、もしそうでしたらはっきりおっしゃってください。全然構いません」と言うことにしている。

相手がこちらの商品を希望し、パンフレットを必要とし、目を通した後に取引が成立する確率が相当高いと思えるときをのぞいて、資料の送付はしない。

サム　【顧客発掘】をしていて、相手がだんだん身構えはじめたらどうしますか？

VP　正直に、ごまかしをせずに話していれば、相手が身構えることはふつうはない。実際、「有望な客」は自分のほうからすぐ名乗りを上げるものだ。説得にせよ誘導にせよ、いたずらに販売抵抗を引き起こすようなことをしてはいけない。だが、いつでも自分から外れることができるという自由を相手に与えつづけることは大切だ。

サム　それはどういう意味でしょう？

VP　中身のある質問を続けるということさ。相手が「イエス」か「ノー」で答えられるような質問をする。

サム　もし「ノー」と言われなかったら、アポイントを取るわけですね。

VP　違うぞ！　客のほうから会いたい、と言ってもらうんだ。「わが社のパッケージがご希望に沿ったものかどうか、うかがってご相談しましょうか？」と聞く。

サム　もし、会うほどの時間がないと言われたら。

VP　それは自分から除外してくれと申し出ているのだ。相手に時間がないということは、こちらにもないということだよ。そういう相手は「望み薄の客」だ。

サム　どうしてですか？　うちの商品がどう役に立つのか、わかっていないだけではないですか？

VP　この段階でそれを知らず、知ろうとも思わないなら、「望み薄の客」だよ。

サム　単にこちらが提供するものを正しく認識できないとしたら？

VP　やはり「望み薄の客」だな。仕事がまるでわかっていないか、新しいアイデアが苦手なのか。それこそ「望み薄の客」だよ。

サム　「うかがいましょうか？」と聞いて「あと三カ月は無理だな」と言われたらどうでしょう？

VP　三カ月後にまた電話してもいいかどうかと尋ねる。

サム　つまりいつも相手に《ボールを投げ返す》ということですね？

VP　まさにそのとおり！　説得も強制もない状態で相手が全部自分で決める。すると相手は自分の決定に責任を感じ、あとになって、ハメられたとは決して言わないものだ。

サム　いままでぼくがやってきたこととはまったく違います。

VP　【高確率セールス】の【顧客発掘】はすべてそういうものだ。いつも相手にボールを投げ、結果について責任をもってもらう。学習段階では多少混乱するだろう。しかし練習をつめば、プロセス自体がどんどん簡単になるはずだ。

第6章

本音の勝負が生む最強の「信頼関係」

サム　【高確率セールス】の「信頼関係づくり」というコンセプトがどうも苦手です。

VP　苦手、というと？

サム　どういうことなのかよくわからないのです。うちのセールスパーソンは新しい見込み客に初対面でいきなりとんでもない質問をします。あんな立ち入ったことまで聞いていいのでしょうか。

VP　答えてもらえるかね？

サム　それが不思議なことに、必ずと言っていいほど答えが返ってきます。かなり個人的な質問でも返ってくるのです。

VP　質問で相手を怒らせたことがあったかね？

サム　一度だけありました。

VP　どんなふうだった？

サム　スーに同行したときのことです。質問を始めたら、相手はぞっとするような形相になってスーをなじりました。スーは穏やかに立ち上がって訪問を打ち切りました。

VP　それが問題だというのかね？

サム　そりゃそうです。相手を逆上させ、何も売れなかったわけですから。

VP　訪問して売れないのはしかたがないさ。それにたとえ相手が怒りださなかったとしても、取引が成立したかどうかは怪しいから、さっさと見切りをつけたのは賢明だ。

サム　対応を変えても成果はなかったに違いないという確信があるのはなぜですか？　アポイントをとって行ったのですよ。

VP　確信があるかどうかは関係ないな。【高確率セールス】では確信するところまで待たない。取引成立の《確率が高いか低いか》が問題なのだ。

サム　それは【発掘】のときのことではないですか。スーは前もって相手を有望と認めてから会いに行ったはずですよ。

ここで大事なことは、すでに有望と認めている客にも、好きなときに自分から降りてくれて構わないと促すことを忘れないということだ。どの段階についても同じことがいえる。しかし今は「信頼関係づくり」に話をもどそう。

ほとんどのセールスパーソンが、信頼関係をつくることは【高確率セールス】のうちでもっとも困難で葛藤が多いところだと言っている。商売を忘れて《ひとりの人間》にならなければならないからね。

信頼関係をつくることは、【高確率セールス】の個々のステップのなかで最も重要な部分だ。

商品の話は抜きにして、相手をよく知り、信頼と尊敬に値する人物かどうかを判断する。取引を進めるかどうかはその判断しだいだ。

この人は信頼も尊敬もできないとわかったときにそれを取り繕《つくろ》うのは難しい。こちらがそういう気持ちを持っていれば向こうもそれに気づいて、取引する気をなくすだろう。

しかしここで問題なのは、そのような相手とはこちらも取引する気になれない、ということなのだ。信頼も尊敬もできない相手と商売しようとしても、呼吸が合わない。呼吸が合わないと、トラブルばかりでろくな結果にならない。

【高確率セールス】では《信頼と尊敬に値する相手》とのみ取引をする。見込み客と信頼関係をつくるとき、めざすのは相手の人となりを知り、仕事でもプライベートでもどういう過程を経て今の場所にいるのかを探り当てることだ。

方法はいろいろある。どういう方法をとるかは人それぞれだ。

信頼できる相手かどうかを判断するためには、本当の意味で相手を知らなければならない。何が相手を動かすのか、人格に影響を与えた過去のできごとや事情、今の仕事につくまでのいきさつなど、表面的なやりとりよりはかなりつっこんだ質問になる。

せんさくしようとか裏をかこうとかいう意図があるわけではない。一回の訪問の限られた時間のなかで、意味のある信頼関係を築きたいと真剣に願っているだけなのだ。

仕事でもプライベートでも、敬意や信頼のないところにまっとうな人間関係は育たない。客との間にそのような関係を築くことができたら、他社のセールスパーソンには対抗できない強い競争力を獲得したことになる。だれだって信頼と尊敬に値する人物と取引するほうがいい。

もし客との間に信頼関係がつくれず、人となりを知ることもなければ、君はその他大勢のセールスパーソンとなんら変わらない、ということになる。

コツは客に対して心から興味をもつ、ということだ。見え透いた演技は通用しない。セールスパーソンがいかにも興味があるようなフリをして聞いていてもすぐに見抜かれる。すっぱりと話を打ち切られるのがオチだ。

忘れないでもらいたい。

目的は、客の「ツボ」を探ったり、誘導し説得して買わせる方法を発見したりすることではない。あくまで《ともにビジネスをしたい》と思える相手かどうか、信頼し、かつ尊敬できる相手かどうか、それを見きわめることだ。

今まで覚えてきたセールスの常識はことごとく役に立たない。

「機嫌をとる」「調子を合わせる」「自分に好感をもたせる」「気が合うフリをする」「お世辞を言う」などはこの際忘れることだ。

セールスパーソンの仕事は、客の気を引いたりそそのかしたり、親しげにふるまうことではない。「買わせる」ことでもない。双方ともに満足するビジネスの下地があるかどうかを見定めるのが仕事なのだ。

相手の立場に立ってみる。自分が客だったら、買わせようという売り手の意図を感じた瞬間に身構えるだろう。そこから抵抗や疑念、敵意が生まれる。そうなるとセールスパーソンが何を言っても買わせるためにウソをついているように聞こえ、反発したくなっても不思議はない。

今やっとわかりました。セールスをしているといつも戦争でもしているような気がする理由が。

われわれの文化のなかにある「売る」という言葉の定義にそもそも問題があるのだ。

「売る」というのは結果を生む行為にされてしまっている。押し売り、勧誘、誘惑、その他なんでもあるが、結局は相手に不本意なことを強いることだ。

【高確率セールス】では「売らない」。少なくともこれまでの常識的な意味で「売る」ことはない。

セールスパーソンの役割は、双方ともに満足するビジネスの下地があるかどうかを見きわめることにつきる。結果を出すことに執着しているわけではなく、何かを無理強いするつもりもないとわかると、客はセールスパーソンを信頼しはじめる。そうなるとセールスパーソンの側も、疑いや抵抗、敵意を処理する必要はなくなるのだ。

しかしだれかに信頼されるためには、自分が信頼に足る人間でなければならない。大事なのは、何をするかではなく、どうあろうとするかだ。心から興味をもてば、必ず相手に伝わる。相手は言葉そのものよりも、そこににじむ人間性に耳を傾ける。誠意を持ち、率直にものを言い、相手に無理強いする意図もないとき、態度にもそれが現れ、相手は君を信頼する。

多くの客は競合する売り込みのうち、どれがいちばんメリットがあるのかと頭を悩ませている。そんなとき、信頼のおける相手と取引する、ということが意味を持つ。セールスパーソンは商品がいかに優秀であるかを宣伝するのが仕事だから、客はセールスパーソンが何を言っても割り引いて聞いている。

けれども同時に、自分の知識が売り手に比べてかなり少ないこともわかっている。だからこそ、ウソをつかない、心から尊敬できるセールスパーソンと取引したいと願うのだ。

どうもしっくりきませんが。

【高確率セールス】のアプローチは、君がセールスの常道と思っていたものとはまるで反対だ。昔のアプローチの方がしっくりくるのは、それになじんできたからだ。

伝統的セールスでは、こびへつらい、興味があるフリをし、ウソをつくのがよしとされてきた。君はそのなかで育ったから、そのようなアプローチをたとえあまりよいことだと思ってはいなくても、違和感なく受け入れている。

他人に興味を持つこと、何がその人を動かすのか、これまでどんな人生を歩んできたのか、そういったことに興味を持つのはきわめて自然なことだ。子どものときのことを思い出してもらいたい。だれかが近所に引っ越してきたとしよう。相手のことが一つ残らず知りたかったはずだ。

「前はどこに住んでいた?」「なぜ引っ越してきたの?」「引っ越すのイヤじゃなかった?」「パパの仕事は?」などと聞くかもしれない。成長するにつれ、本来のせんさく好きを、特に初対面の人に対しては慎むようにしつけられる。しかし性質自体は変わらない。表に出さず、忘れて暮らしてはいるが、消えてなくなったわけではない。

相手をよく知ろうとすることはやりがいのある楽しい作業だ。人間本来の性質を思い出したければ、四才の子どもの質問に耳を傾ければよい。

サム

ぼくが受けたトレーニングコースはどれも、客との間に親密な感情を育てることには力点がおかれていました。しかししっかりした信頼関係を築くというのは、聞いたことがありません。スーやサムが実践するのを見ていなかったら、特にたった一回の出会いでそれが可能だとはとても信じられなかったと思います。

ＷＰＣのセールスパーソンでぼくが同行した人はみんな、初対面の客と信頼関係をつくるのに成功しました。しかし今でもやはり、客がプライバシーにかかわる質問にちゃんと答えたというのが信じられません。

VP

原則は単純さ。質問するこちらが純粋に答えが知りたくて質問し、下心がなければほとんどだれもが誠心誠意、きちんと答えてくれるよ。

サム　スーもそう言いました。どうしてそうなるんでしょう？

VP　さてね。経験上効き目があるということはわかるのだが。

サム　たぶん、それは……

VP　（さえぎって）理屈を考えて時間をムダにしないことだよ。役に立つ理由を知っていても知らなくても、ハンマーは役に立つ。腕のいい職人になるためには、道具を本来の用途で使うことが大切だ。

サム　わかりました。しかしやはりぼくには、初対面の相手に向かって立ち入ったことを聞くのは変だしあつかましいという気がします。

VP　発想を変えてみてはどうかね。この場合、君のねらいは相手を知ることだ。信頼できるか、尊敬に値するかどうかを効率良く見分けたいわけだ。もし答えがイエスなら、お互いに利益になる関係をつくることができるということなのさ。相手をよく知れば知るほど、相手の要望に応じたサービスがしやすくなる。

サム　それはそうですね。

VP　一方で、これは信頼できない、あぶない相手だと思ったら時間をムダにしないで次の見込み客に移る。

サム　しかし信頼できるかどうかをなぜそんなに心配するのですか？　しょせん取引をするだけの関係でしょう？

VP　信頼できない相手、こちらを信頼しない相手とは絶対に取引してはいけない。長い目で見てプラスにならないのだ。

サム　どんな相手に対してそう判断するのですか？

VP　いつもさんざんメーカーに手をかけさせておいて、それに対するフォローはほとんどしないとか、同業他社に親類だか知り合いだかがいて、何かと情報源に利用する、という相手。いつも支払いが遅れる、あるいは協調性が全然ない、という相手のこともある。

理由は何であれ、もし相手が信頼できないと感じたら、さっさと見切りをつける。具体的に理由がわからなくても、この点についてはカンを信じたほうがいい。

サム　まさかそんなことを自分からしゃべりますか？

VP　信頼関係ができると、まっとうな質問にはどんなことでも答えてもらえるし、聞いていないことまで話す人が多い。

サム　信頼関係をつくることは先方にとっても都合がよいのですか？

VP　こちらが質問している間、相手は何をしていると思う？　向こうもこちらをチェックしているのさ。

サム　どうやって？

VP　特別なことはないよ。第一印象というのはふつうはカンみたいなものだ。信頼できる人間は見ればわかる。必ずしもここではない（頭を指さす）、ここでね（胸を指す）。

サム　【高確率セールス】では、話をするのはおもに客です。セールスパーソンが信頼できるように見せかけるのは簡単なはずです。

ちがうな。【高確率セールス】では人格を偽ることはほぼ不可能だ。【高確率セールス】に従うなら、売り手も買い手も双方ともに《本音で勝負》しなければならない。そうでなければ訪問は失敗だ。採用の前にテストを受けてもらったのはそのためでもある。誠実かつ率直になれる資質のある人材だけを採用することにしているのだ。

しかしどうして客はイヤな顔ひとつせずあんなつっこんだ質問に答えるのでしょうか？　結局アカの他人ですよ。

抵抗は不信感から生まれる。「信頼関係づくり」の過程によって客は売り手を信頼するようになるので、抵抗が入りこむスキがない。

客が個人的なことを話題にするのは、会話が進むにつれて相手はこちらに対する信頼を高めているからだ。その間も、相手は無意識にこちらの反応を見ている。その信頼の環境を維持するためには、相手の言うことにこちらが真摯《しんし》に耳を傾けなければならない。

要は相手を知ることで、相手の思想や心情を評価し意見を述べることではない。《ひたすら聞く》。心から興味をもっていれば難なくできることだ。

サム　たった一回の訪問でそんな関係が築けるというのがどうしても信じられません。だれかと親しくなるには何年も何カ月もかかるものでしょう。

VP　最初の訪問でできることもあるし、できないこともある。人間初対面のときが一番鷹揚《おうよう》なものだ。白紙から始める唯一のチャンスだよ。

サム　ＷＰＣのセールスパーソンに同行した限りでは、これといった定番の質問がなかったように思います。あなたには何か決まった質問がありますか?

VP　「信頼関係づくり」の段階では、定番の質問はない。見ず知らずの他人同士が初めて会ったときの会話の発展は予測不能だ。要は必要な情報が自然に出てくるように会話を導いていくことだ。

サム　「ＷＰＣのサムです」からいきなり「奥さんやお子さんのことを話してください」に移るのも妙なものでしょう。何かとってつけたようで。

VP　おいおい、それはふつうの会話ではないよ。

サム　何をどう言ったらいいのかわからないのです。

君が何を尋ねるかではなく、相手の答えに興味を持っているかどうかが問題なのだよ。難しく聞こえるのはわかっている。これがもっと当たり前で簡単なことなら、こんなに時間と費用をかけてトレーニングをする必要はないのだからね。なかには自然にできてしまう人もいる。しかし多くの人は人間本来の姿を忘れているか、自然な反応を捨てるようにしつけられているから、最初からあらためて学習しなおし、練習しなければならないことがほとんどなのだ。

初対面の相手に向かってわたしが使う言い回しをあげておこう。すでに割り出した見込み客に使ってみることだ。

初めて人に会う時、会社でも建物でも場所でもなんでも構わないから、おや、と思ったことを心に留めておく。質問をそのあとにつなぐのだ。

▼めずらしい建物ですね。有名な建築家の設計ですか？
▼一〇〇年ぐらい前の紡績工場のように見えますが、こちらの会社はいつからここに？
▼事務所からこちらまで一時間ほどかかりました。お住まいもこのあたりですか？

あるいは、先方の経歴について。

▼XYZ社には長いのですか？　この前はどちらに？
▼この業界に入られたきっかけは？　前はどういうお仕事でしたか？
▼何年ぐらい理科を教えておられますか？　先生を目指されたのはいつですか？
その動機は？

返ってきた最後の答えをもとにして次の質問をすると相手は反応し、会話がはずむ。

たとえばどんなふうに？

もし相手が、「最初の二年は大変だったよ」と言ったら、「どうしてですか？」とか「大変だったのはどういうところですか？」とか、「何があったのですか？」とか。

大変だったよと言われたときに「お子さんは何人ですか？」とか「フィラデルフィア・フィリーズのファンですか？」などと聞いてはいけない。

信頼関係をつくるのは《聞く技術》だ。相手のいうことに耳を傾けること。相手が何か個人的なことを打ち明けたら、それは君を信頼しはじめている証《あかし》だ。興味があれば当然続くはずの質問で応じなければ、実は興味がないのに単に手続きを踏んでいるだけだと白状するようなものだ。その瞬間から信頼に値しないと思われてしまう。

こんな質問をすればいい、というのがありますか？

ある。どうにでも答えられる質問がいい。

- ▼なぜですか？
- ▼何をしましたか？
- ▼どんなふうに処理しましたか？
- ▼それはご本意でしたか？

イエスとかノーではなく、好きなように答えられる質問がよい。

サム　「信頼関係づくり」の段階が完了した、ということはどうしたらわかるのでしょうか？

VP　ほんとうに相手がわかった、と感じたときだ。相手の返事が腹を割った、私的な反応になっていく。その段階で初めてビジネスができる相手かどうかを決めるのだ。

見込み客との「信頼関係づくり」の作業は、信頼し尊敬できる相手かどうかの判断のもとになるから深刻だ。念を押しておくが、取引は信頼し尊敬できる相手とだけ行う。相性が悪かったら、訪問は丁寧に、しかしきっぱりと終わりにしなければならない。

サム　商品の売り込みをまったくしないで退散できるでしょうか。せっかく行ったのに？

VP　前にも説明したはずだが、もう一度念を押しておこう。

どの商品にも競争がある。有望な見込み客からの一つの仕事をめぐって最低二人のセールスパーソンがしのぎを削っている。

ほとんどの場合、商品自体にはあまり差がない。そうなると、客は信頼し尊敬できる業者から買うだろう。信頼関係がない場合は売ろうとしても時間のムダだ。

「信頼関係づくり」の最中に、先方から商品の話をしたいと言われたらどうしますか？

ほんとうのことを言えばいい。相手とその会社のことをまず知り、そのうえで商談にはいるのが自分のビジネスの進め方だと説明することだ。そしてそのまま続けてよいか、それとも退散すべきか、相手に聞く。

それでも本題にはいろう、と言われた場合はどうしましょう？

「お客さまを知る、ということをわたくしどもでは最優先とさせていただいております。お取引の進め方、信頼と尊敬に足るお客さまであるか、などをまず判断させていただくのです。確実なお客さまとのみ取引をさせていただきますので」「お客さまにとっても、わたくしどもが適格な取引相手かどうかのご判断のチャンスです。そういうわけなのですが、お話を続けましょうか、それとも退散しましょうか？」と答えるといい。

サム　話を続けないと言われたら、引き下がるのですか？

VP　そうだよ。こちらの質問に答えるのは気が進まないということなら、「望み薄の客」として除外しなければならない。

サム　しかしすでに「有望な客」と認めて訪問したのですよ？

VP　いつどの時点でも見込み客の「除外」は起こり得る。相手が心底取引に積極的だったら、話し合いや共同作業には常に前向きのはずだ。「有望な客」は売り手と信頼関係をつくろうとする。こちらを避け、愛想の悪い相手が、あとになってお得意さんになるということはめったにない。第一印象がそのまま続く。初対面で見せた顔が、こちらに見せたいと思っている顔なのだ。

サム　信頼と尊敬に足る相手とだけ取引すると言ったら、相手は怒りだしませんか？

VP　絶対にない。むしろプラスになる。基準をもたないいいかげんな相手と取引したいと思う人はいないからね。【高確率セールス】のセールスパーソンはみんな率直だ。問題が起きたらつねに、事情を明確に説明して相手に選択してもらう。

そのような対応は高く評価される。

サム こちらは信頼されるよう努めているのに、相手が信頼してくれない場合は？

VP それは自分で考えてみることだな。ほかに質問は？

サム あるＷＰＣのセールスパーソンが、「信頼関係づくり」こそ、売り手の「戦力」増強の好機だと言っていました。どういう意味ですか？

VP もし信頼と尊敬の土壌がなければ、君はその他大勢のセールスパーソンの一人に過ぎないから、仕事をもらう確率はライバル社と差がない。しかしもし信頼関係ができていれば、同業他社に大きく水をあけることになる。それが戦力だよ。言葉ではうまく表現できない。自分で経験するのが一番だ。

サム つまり見込み客との間の信頼関係づくりは、たとえばパーティのような社交の場で、初対面の人と、相手のことを詳しく知りたいと真剣に思いながら会話をするのとあまり変わらない、ということですか。

VP そのとおりだ。こちらが興味を持つと、相手も君のことをどんな人だろうと考える。社交的な場面でもまったく同じだ。初対面のときに相手に興味を持てば、相手も必ず君に興味を持つ。

しかしセールスの場合はそれがすべてではない。いったん信頼関係ができたら、買うというプロセスに対する相手のコミットメントを見きわめる作業がいる。一連のコミットメントをする気があるか？　それともためらいがあるか？　すなわちここからが【発見／除外】の段階だ。

サム　どのようにして「信頼関係づくり」から【発見／除外】段階にシフトするのですか？

VP　ひとりでにシフトするさ。【発見／除外】の質問を最初にしたときがそうだ。何かががらりと大きく変わるわけではない。話していると不思議に聞こえるが、実際はそんなことはない。何度か実際に見れば、しっくりくるだろう。

第7章

買わない客は除外する合理的なアプローチ

見込み客との信頼関係を築いたら、次は【発見／除外】の作業に入る。この段階へシフトするには特に技巧はいらない。

取り入ろうとしているのではなく、《心から自分に興味を持っている》とわかると、見込み客は質問がまっとうならきちんと答えてくれるはずだ。

質問を続け、取引の下地があるかどうかを判断するのが【発見／除外】というプロセスだ。答えが詳しければ詳しいほど情報価値は高くなる。

必要な質問に答えてもらえない場合は「望み薄の客」として除外する。

質問は一般論に徹すること。自社商品に的《まと》を絞ってはいけない。たとえば、

よい例　○「なぜこの商品が必要なのですか？」
悪い例　×「なぜわが社の商品が必要なのですか？」

よい例　○「なぜこのディスプレイ・パッケージが必要なのですか？」
悪い例　×「なぜWPCのディスプレイ・パッケージが必要なのですか？」

質問は簡潔明瞭で、誤解の余地があってはならない。言い回しまでそのまま一字一句書き出していつも持ち歩くようにする。相手の答えは正確に書き取る。何をどんな言い方で言ったかが、後になって問題になるかもしれない。

以下が【発見／除外】の質問の手順だ。

1　ニーズの決定

▼どうして〝この商品※〟が必要だと思われるのですか？

実際にニーズがあるかどうかはわからない。どちらにせよ、この質問をきっかけとして話を始めればよい。相手にその商品が必要だと思われる理由を説明してもらう。

2　希望（意欲）を確認する

▼この商品をご希望なさいますか？

商品を希望はするが、ニーズはないかもしれない。あるいは逆に、ニーズはあるが、希望はしないかもしれない。どちらにせよ、知らなくては前に進めない。

※〝この商品〟の部分は任意に変えて使用する。

もし客が「希望する」と答えたら、

▼理由をお聞かせ願えますか？

と尋ねる。驚くような返事がくるかもしれない。たいてい相手は細かい理由まできっちり答える。もし希望しないと言われたら、話し合いの余地はないので商談を打ち切る。

3 資金面を確認する

▼料金はおよそ○○ドルになります。ご予算の点はいかがですか？　お支払いのご用意はよろしいですか？

4 日程を確認する

▼もしお話を進めるとしたら、日程的にいつごろからのスタートをお考えですか？

▼もし予定どおりにいかなかった場合はどういうことになるでしょうか？

5　意志決定者を確認する

意志決定者というのは、客が買う決心をする前に相談する相手を指す。たとえば会計士、上司、パートナーまたは配偶者など。公的な権限は必ずしも必要ではない。

▼こういう決断をするとき、ふつうどなたにご相談されますか？

相手が名前をあげたら（もしいればだが）、こう言う。

▼企画提案を準備する前にその方にお目にかかってお話ししたいのですが、手配していただけますか？

相手が承諾しなかったら、次のように言う。

▼それではわたくしどもはビジネスを進められません。お目にかかってその方のご懸念《けねん》や反論を知ったうえでないと、企画提案に取りかかれません。前もって処理できたはずのトラブルを放置したために、せっかく提案しても受け入れていただけないこともあります。いかがなさいますか？

6　権限を確認する

▼お話を進めることにしたら、ほかにどなたの承認がいりますか？

買うという決定の認否に権限を持つすべての人と話さなければならない。企画提案を準備する前に一人ひとりと話し合う場を持つ。相手が渋ったら、5の場合と同様、どうしても必要な手続きであることをはっきり説明する。

7　のちのちの影響を確認する

▼もし商品が手に入らなかったら、どういうことが起きるのでしょうか？

この質問に対する答えは貴重な情報だ。

「おたくの商品がきちんと納期どおりに入って設置されなかったら、組み立てラインをそっくり閉鎖しなければならなくなり、自分はクビだ！」とこっそり明かした人もいた。

8　ブランドの好みを確認する

▼もし今、わたくしやほかの方の意見なしに、今すぐに決めるとしたら、どこのブランドを購入されますか？

9　サプライヤーの好みを確認する

▼特別に取引したい業者がありますか？

特に好みはないかも知れない。しかしここでもライバル社に義理の兄がいるかもしれない。早めに発見するに越したことはない。

10　内部手続きを確認する

▼注文書を発行する際の御社の内部手続きについて教えていただけますか？

内部手続きについて綿密にメモを取り、次の質問に移る前に復唱する。内部手続きを軽視したために注文が流れることは実に多い。

11　個人的な動機を確認する

▼この商品を入手しなかったとしたら、あなた個人に何か影響がありますか？

何もないかも知れず、想像もつかない影響があるかもしれない。尋ねてみなければわからない。

12 個人的偏見を確認する

▼わたくしどもとの取引をためらわれるご事情がおありですか？——何かカバーしきれていないことがありますか？——お気持ちにそわない、ということでしょうか？——他に何か？

何か障害があるなら、早めに明るみに出すこと。そうしないとさんざん手間をかけて仕事はもらえず、しかも理由がわからないという結果になる。

13 隠れた障害物を確認する

▼取引の妨げとなるような事柄がどこかにあるということは？

サム　一部は同じ質問の繰り返しのようですが。

VP　そういう面はある。しかしどの質問も出されるべき問題をさらけ出して掘り下げるよう角度は少しずつ変えてある。売り手を信用し、敬意を抱く見込み客なら不快感は持たない。一つ一つの質問を、新しい情報を引き出すためのものとして解釈してくれるはずだ。
　質問はどれも一般的なものだ。個人的性格を帯びるのは答えのほうだよ。

サム　【発見／除外】の質問の根本的な目的は何ですか？

VP　いろいろある。

- **取引に欠かせない情報を「発見」すること。**
- **効率よく「除外」を進めること。**
- **客が質問に答え、「除外」すべき客でないことが明らかになるたびに、客と売る側の関係はよくなる。それによって相互のコミットメントのレベルを上昇させる。**
- **あとになって契約つぶしのもとになりかねない問題を事前に処理する機会をつくる。**

サム　たとえばどんな？

VP　たとえば「ディスプレイ・パッケージの購入決定に向けて、ほかにどなたのご賛同が必要ですか？」と尋ねたとする。相手は答える。「パートナーの賛同が必要だ」。君ならどうする？

サム　たぶんパートナーと話ができるかどうか尋ねると思います。

VP　近いな。しかしまだ十分ではない。事前にパートナーと会わせる気がないなら取引相手として適格ではないとみなす、と相手に言うほうがより強力だ。

サム　言い方はどんなふうに？

VP　「企画提案を準備させていただく前に、パートナーの方にお目にかかる必要があるのですが、手配していただけますか？」

サム　先方が承諾せず、あくまで企画提案が完成してからパートナーに見せると言ったらどうすればよいでしょうか？

VP　答えは、「その順序では、わたくしどもはお取引を続けることができません。ご不明の点にもお目にかかれば、わたくしが直接答えて差し上げられます。企画提案の前に、パートナーさまのご懸念《けねん》の内容を知る必要があるのです。いかがなさいますか？」。

サム　パートナーに会わせるのに賛成しないだけでその客を除外するのですか？

VP　そのとおり。

サム　強気ですね。

VP　べつに強気ではないさ。それが効率的でスマートなやり方なんだ。強気で押しても結果はでない。《基準をしっかり持ち、率直である》ことが大事なのだよ。

サム　ある質問に対する答えの意味が理解できないときはどうしますか？

VP　ズバリ、はっきり言ってくれと頼むのだ。
「今おっしゃったことの意味がわかりかねますが、どういう意味だったのでしょうか？」

サム　はぐらかされている印象があったら？

VP　相手が質問をちゃんと理解しているかどうかを確かめ、答えに十分に得心しないうちは次の問いに進まないこと。とりこぼした質問はあとになってじわじわと君の首を絞めるかもしれない。

サム　ほんとうにはぐらかしているのだとしたら？

VP　「お答えになりにくいようですが、何か問題があるのでしょうか？」

サム　それでも答えてもらえない場合はどうしますか？

VP　答えてもらわないと話が進まないとはっきり言う。

サム　失礼になりませんか？

VP　むしろ逆だよ。こちらが本気で取り組んでいることが伝わって、相手は敬意を抱く。

サム　【発見／除外】の過程で客を選別する方法はいくつありますか？

VP　一四通り、つまりそれぞれの質問につき一つずつだ。

サム　除外することばかり強調されますが、マイナス方向に力を入れるのは危険ではありませんか？

VP　ちがうな。ほんとうに危険なのは、《マイナス要素を無視する》ことだ。【発見／除外】作業では、伝統的セールスのトレーニングでいう「反論」は問題にはならない。さらに、ほんとうに「有望な客」は自分からはずれることはめったにない。

サム　今までに一三の質問が出ましたが、除外する方法は全部で一四通りと言われましたね。ぼくが何か見落としたのでしょうか？

VP　まだ一つとっておきのが残してある。ここまでで何か質問は？

サム　少々混乱している点があります。あなたもスーも、【高確率セールス】のセールスパーソンはセールスの過程を「コントロール」する、という言い方をします。それは客を「操作」する、ということではないのでしょうか？

言い方はどうあれ、客は気がついて反発しませんか？　ふつう「コントロール」されることに人は反感を覚え、拒否反応を示すのでは？

混乱させたとしたら申し訳ない。【高確率セールス】では「コントロール」が基本の概念だ。最初にもう少しはっきりさせておくべきだったね。

　質問によって「コントロール」が始まる。言うべきことを質問の形にする限り、「コントロール」は維持される。「コントロール」というのは、客をコントロールするという意味ではなく、セールスのプロセスをコントロールするという意味だ。

　質問をしながら、話し合わなければならない項目を一つ一つ出していく。その一方で客の答えを受け入れ、質問にも応じることによって、抵抗を回避する。説得や操作の意図がまったく無ければ抵抗は生まれない。

　客が希望するとおりのものを届けたいと思っているということを態度で示すことだ。その一方で、自社商品では先方が満足しないとわかったら、いさぎよく撤退する。

　たとえ先方が満足しても、こちらにとって今ひとつ信頼しきれない、協調性や率直さに欠けている相手だと感じた場合もすみやかに退散すべきだ。このような方針をとる限り、販売抵抗は問題にもならない。

サム　客がすんなり応じるのは、始めから質疑の形式をとっているためでしょうか？

VP　確かにそういうところはある。しかしそれよりも、率直にものを言い、答えが知りたいと心から思い、客に無理強いをせず、買わせようという意図もないから、ということのほうがはるかに大きい。セールスパーソンが信頼に値する人物であり、客もそれを知っている、ということだ。

客の信頼に足る対応をすれば、相手もこの人は信用できると考える。そうなれば、客は質問フォーマットにも応じるし、プロセス全体を信頼する。

サム　とても大変なことですね。

VP　質問が単純な場合でも必ずフォーマットどおりに聞くというのは確かに修行がいる。

しかしフォーマットに忠実にいけば、客自身にセールスの流れを一歩一歩確かめさせながら進むことができる。ひとつずつ合意事項を読み上げ、それを双方が聞くのだ。検討中の事項に合意が得られるまでは、絶対に先に進んではいけない。

サム　模範例を教えてもらえますか？

VP　もし「外装段ボールにメタリック・インクで印刷してくれ」と言われたとする。君はなんと答えるかね？

サム　以前だったら、現在の技術では不可能であること、その理由を説明します。そのうえで、ＷＰＣの最高級品質の四色印刷なら、メタリック・インクより見栄えがすると話していたと思います。しかしこれでは質問になりません。どうすればいいのでしょうか？

VP　まず相手の質問に率直に答える。それから、相手に意志を曲げさせるのではなく、選択肢を示し、コミットメントを頼む。

サム　どういうことでしょう？

VP　それなら、これではどうかね？
「弊社では外装段ボールにメタリック・インクの印刷はいたしておりません。メタリック・インクは、接触に対する耐久性の点で十分ではないからです。代わりにトップ・クオリティーの四色印刷になさいますか？　それとも、どうしてもメタリック・インクをご希望でしょうか？」

サム　そう聞けばたぶん、「いや、なんとしてもメタリック・インクだ」と言われそうです。そのときに、もしぼくが商品のほかのメリットを説明すれば、相手は気を変えてメタリック・インクをあきらめるかもしれません。

VP　確かにそうだ。相手は気を変えるかもしれない。

しかし【高確率セールス】では、《相手の心変わり》をあてにしてセールスを進めることはしない。こちらでは手の打ちようがない理由で買わない確率が高いのなら、商談を打ち切り、労力を節約する。

サム　なるほど、あなたのアプローチは実に一貫しています。つまり「トップ・クオリティーの四色印刷をお試しになりませんか。それともやはりメタリック・インク印刷をお考えでしょうか？」と尋ねることによって同意やコミットメントをとりつけるか、商談を打ち切るか二つに一つというわけですね。

VP　そのとおり。それが【高確率セールス】の極意だ。

どの段階でも《同意とコミットメント》をとりつけること。質問によってコントロールを維持し、段階ごとに同意とコミットメントを求めれば、抵抗をなくし、相手も自分も満足のいく結論に効率よく到達することができる。

サム　メタリック・インクの例だと、コミットメントはどうなりますか。

VP　あきらめてうちの商品を試すか、あるいは試さないか、そのどちらかのコミットメントになる。

サム　どちらでも結構、というわけですね。ぼくの場合、買わないという相手の決断を受け入れるのに修行がいりそうです。とにかく買わせるという古いセールスマン気質が身に付いていますから。

VP　思考回路を変えるには時間もかかるし、訓練も必要だろう。しかししばらく試していると、相手の心が「ノー」のときに「ノー」と言ってもらえるように持っていくのは一つの能力だということがわかるはずだ。

サム　残る一四番目の質問っていうのは？

VP　今までの一三の【発見／除外】の質問すべてに満足の行く回答が得られ、かつ「除外」すべき客でないと分かったら、最後の質問はこうだ。

14　コミットメントの確認

▼仮に御社の【満足条件】をすべて満たしたとしたら、どうなさいますか？

サム　もし「どういう意味かね？」と聞かれたら？

VP　「どういう意味だとお考えですか？」と問い返せばよい。

サム　見下したような感じになりませんか？

VP　だれがそう感じるのかな？

サム　ぼくならそういう印象を受けますし、客も同じではないでしょうか。

VP　ひたすら低姿勢でオーダーをお願いするアプローチをしてきたセールスパーソンにとっては、偉そうにも思えるだろう。しかし「有望な客」は見下されたとは思わない。こちらの意図を了解するだけだ。

サム　一四番目の質問に対して「君のところと取引することを真剣に検討しよう」と言われたら？

VP　「それでは、わたくしどもはビジネスを進めることができません。御社の基準を満たせば弊社と取引をなさるとのコミットメントをいただかないうちは、企画提案の準備をすることは極力避けたいと思っております。いかがでしょうか？」

もし基準を満たせば仕事を回すという明言が得られなければ、相手を「望み薄の客」として除外することだ。

サム　来週会うことになっている見込み客に【高確率セールス】のアプローチを試したいのですが、ほかに知っておかなければならないことがありますか？

VP　あるな。「高確率なクロージング」の原則だ。

第8章

かぎりなく高確率なクロージング

サム　この二週間ばかり、ずっとセールスパーソンの営業に同行してきましたが、最後の何回かは「高確率なクロージング」をじっくり観察するようにしました。

VP　それはいい。で、何がわかったかね？

サム　どう言ったらいいでしょうか。クロージングまでこぎつけるころには、こまごまとした面倒な下処理はほとんど終わっていました。

VP　【高確率セールス】をあと数週間やってみると、面倒だとか単調だとか感じる部分はどこにもなくなるだろう。

サム　ただ、クロージングについては伝統的セールスの場合とあまり変わりませんでした。そっくりです。

VP　どうしてそう思ったのかね？

サム　ぼくが見た限りでは、セールスパーソンが見込み客を操り、見込み客は進んでセールスパーソンの言うなりになっていました。

VP　それはそう見えただけさ。その時点までには信頼関係がしっかりとできあがっているので、客は協力を惜しまない。

しかし相手を操ろうとしはじめれば、一瞬で信頼関係は崩壊する。「操作」は信頼の敵であり、われわれのアプローチには互いの信頼が不可欠なのだ。

【高確率セールス】では同意とコミットメントを話し合って、見込み客の【満足条件】を決めていく。

サム　ちょっと待ってください。信頼関係ができて、【発見／除外】の質問すべてに満足のいく答えが得られるまではクロージング段階には入らないんですよね。でも前に、最初からクロージングは始まっている、と言われましたよ。

VP　クロージングは最初から始まっている。質問をし、選択肢を示すことによって、話し合う項目を一つ一つ上げてリストをつくるところから始めるだろう？　ここで答えを選び、話を先に進めるたびに、客は自分からクロージングをしていることになるのだ。

一方、一般的な意味でのクロージング段階に達したら、【満足条件】をきっちりと決めなければならない。

【満足条件】について客からコミットメントが得られたら、注文はほぼ確実になる。たいがいの人は自分のコミットメントをきちんと守るからね。もちろん、先方の【満足条件】を満たすというこちら側の作業はまだ残るが。

もし客がコミットメントを守らなかったら、どうなりますか？

その場合は「除外」作業にもどる。たいがいの業界では、約束を守らない相手との取引はことわってでも差しつかえない程度の数の見込み客がいる。ただし、限られた数の見込み客しかいない業界では、どんな相手でもなんとかして取引を続けなければならないかもしれない。しかし長い目で見て、コミットメントを守らない相手と取引をしても勝ち目はない。経営者側が、特定の企業と取引することを不可欠だと考えているときはままあることだ。

わが社のセールスパーソンが、【満足条件】を決めるところを何度も見ましたが、かなりすっきりとシンプルにまとめていました。始める前から相手が何を望むかという点をよく把握しているようです。ほとんどの条件は【発見／除外】段階で扱われたものばかりです。

VP　確かにそういうケースが多い。しかし肝心なのは【発見／除外】で出てきた情報を見直し、それをきちんと【満足条件】に組み入れることだ。クロージングの際、客はだいたいどういう反応を見せていたかね？

サム　【満足条件】を決めるときはいつも率直な意見交換が活発に行われました。客は一貫して友好的で、伝統的セールスのクロージングでいつも経験したように、取引を渋りだすようなことは一切ありませんでした。

VP　なぜだと思うかね？

サム　クロージングに至るころまでに客はすでに取引する、と腹を決めています。ノーと言う機会をうかがうのではなく、合意できる部分を探しています。不本意なことを強制されないので、抵抗も起きません。

VP　たいへん結構。信頼と敬意にもとづく人間関係は円滑なクロージングには欠かせない。

サム　それは実感です。信頼と敬意がなければ、クロージングは伝統的セールスの場合のように悪夢になるでしょう。でも【高確率セールス】のクロージングでは、売り手と買い手が対立することはないので、やりとりは和《なご》やかで落ち着いています。

オーケーだ。では、クロージングはどのように始める?

まず、何をするのかきちんと客に告げます。

「そろそろ【満足条件】について交渉させていただいてよろしいでしょうか。御社のご要望をすべて書き出させていただきます。そうすればご要望に沿えるかどうかをわたくしどもで判断することができます。そうすることをご希望なさいますか?」

見事だ。ノーであれば、いつでもノーと言って構わないという選択肢をいつも示すようにするのだ。次はどうする?

【発見/除外】作業で出てきた先方の要望を書き留めたメモを読み返し、それが正しいかどうか、つけ加えることはないかを尋ねます。

VP　いいだろう。その次は？

サム　実際にどこまで受け入れ、何を受け入れないかという具体的な問題を細かく詰めていきます。

VP　うちではできないことをしてくれと言われたら？

サム　うちでできることとできないことを先方にはっきり言います。何か代替策があればそれを提示します。しかし決して誘導はしません。マイナスポイントも隠しません。

VP　よろしい。それから？

サム　【満足条件】の達成度を判断する基準を尋ねます。
たとえば、「組み立てが簡単」なパッケージを希望すると言われたら、「何を目安にしましょうか？」、あるいは、「発送係の方にお願いして組み立てにかかる時間を目安にするというのはいかがですか？」。
そして「テーピングまで含めて五〇秒」というような具体的な数字を示します。

もし先方の希望が「鮮やかな四色刷りのアートワーク」ならば、これならオーケーという最低合格ラインの見本を示してもらいます。

VP もしほかの得意先からの信用照会状が欲しいと言われたら？

サム 照会先が何カ所必要かということと、自分が同席の上で紹介先に電話する希望があるかどうかを尋ねます。先方が同意したら、「信用の面でもしご満足いただけたら、それからどうされますか？」と聞きます。

VP そこまで来れば、「納得がいけば、注文を出そう」と言ってもらえるだろう。それからどうする？

サム そこから先は人によってやり方が違っていました。どれが正しいのかよくわかりません。

VP 状況次第で、おそらくみんな正しいのだよ。ここまで来れば【高確率セールス】は緻密《ちみつ》な仕事だということは君も十分納得しているだろう。わが社のセールスパーソンたちがこの段階でみな違う出方をしたのは、それぞれ違う状況に対処していたからだ。

たとえば、価格の相談ができていなかったら、価格の許容範囲を設定する必要がある。こんな具合だ。

「価格のご相談を申し上げた際、外装パッケージで費用をかけずに宣伝効果を上げたいとおっしゃっていました。倉庫保管料と人件費を減らしていただいて全体のパッケージング・コストを下げ、しかし材質にかける費用は増やす、ということではいかがでしょうか？」

そこで「実質的に節約になるならば試してみよう」という答えが返ってきたら次の段階に進む。

次の段階というのは？

数字だよ。保管料と人件費をどのくらい減らし、材料費にどのくらい回せるかを決める。先方が数字を見て、われわれのパッケージで実質的な節約になるなら注文しようとコミットメントすることが必要なのだ。どんなことがあってもオーダーを頼んではいけない。

もう何度となくそうおっしゃいましたが、まだ腑《ふ》に落ちません。オーダーを頼むのがセールスの基本です。しかしWPCのセールスパーソンは「実際の価格がこの数字を下回ったら、どうなさいますか？」とか「五〇秒以内で組み立てが可能だったら、どうなさいますか？」と言います。

なぜストレートにオーダーしてほしいと言わないのですか？

こういう問いかけでは、客は答えに詰まってしまいます。【高確率セールス】で気まずい感じになる唯一の瞬間です。

だれが気まずい思いをするのかね？

客も、見ているぼくもです。

気まずいように見えるのは、買うと決めるか、やめるか、二つに一つしか選びようがなくなるからだ。

【高確率セールス】のアプローチによって、客はセールスパーソンの言いなりになるのではなく、自分からコミットメントしなければならない立場に置かれる。おそらく生まれて初めての経験だ。羅針盤もなく未知の海にいるようなものだ。

客は与えられた自由への適応にとまどっているのだよ。

サム　そういう見方もあるのですね。……「自由」ですか。

VP　まさに自由そのものだよ。伝統的セールスでは、クロージングすると、セールスパーソンは得意気で、客のほうは負けたような感じをいだくのがふつうだった。取引が済んだことで客はほっとしているが、ハッピーではない。
【高確率セールス】では客のほうも鼻高々だ。無理強いされず自分からコミットメントし、決断が自分自身のものであることを知っている。こういう場合に買い手があとから後悔したり、あるいはいったん出されたオーダーがキャンセルされたりすることはまずない。

サム　以前はここまできたら礼を言って辞去しました。よけいな会話は客の翻意《ほんい》につながると教わりましたから。でもＷＰＣのセールスパーソンは、コミットメントしてもらったあとでも客に念を押しつづけます。

VP　念を押す、とは？

サム　ご存じのように、先方が「注文するつもりだ」というと、「ほんとうによろしいのですか？」とか、「そう思われる理由は？」とか聞きます、まるで契約をさせたくないように聞こえます。

VP　それは少しちがうな。相手のコミットメントをテストし、本人が自分で強化できるようにしているのだ。

サム　いったいどうしてです？　よけいなことを言えば、客の気が変わるのではありませんか？

VP　そういうこともあるかもしれない。しかしもし気を変えるとしたら、いつならいい？　君がオフィスにもどったときに解約のメッセージが来ていたら？　その場でわかって手の打ちようがあるほうがまだマシではないかね？

コミットメントが心もとなかったら、心もとない理由をその場で探し出すのが一番だ。面と向かって対策を立てるほうが、あとから電話で話し合うよりもずっといいだろう？

強いコミットメントならばあとの会話で揺らぐことはない。実際、「ほんとうによろしいですか?」とか「どうしてですか?」などと念を押すと、それまで口にしなかった本当の理由が出てくることもある。そうすることによって客はコミットメントを再確認し、強化しているのだ。

ちょっと話を変えてもいいでしょうか。質問方法のことなのですが、きのう、ぼくはスタンと一緒に大手のおもちゃメーカーに出向きました。

バイヤーの【満足条件】を見直したあと、スタンが言いました。

「御社の【満足条件】はすべて当社で満たして差し上げられると確信しています。実際にお見せしますがいつならばよろしいでしょうか?」

先方は来週の火曜日に来てくれ、と言いました。するとスタンは、「火曜日に【満足条件】がすべて満たせるということをお見せしたら、いかがなさいますか?」と聞いたんです。

答えは「君の提案を前向きに検討しよう」でした。

スタンは言いました。

「それでは、わたくしどもはビジネスを進めることができません。【満足条件】

が満たされれば取引をする、というコミットメントをいただくまでは、企画提案の準備はいたしかねます」

「たとえ条件を満たしても、わたしどもからの購入は考えていないということであれば、そうおっしゃっていただいて結構です。ノーでしたら、率直におっしゃってください。いろいろ作業を進めてからではなく、今この場でおっしゃってくだされればたいへん助かります」

するとバイヤーは言いました。

「すると提案を見せてもらう前にコミットメントが欲しいということかね？」

スタンは答えました。

「もしそちらの【満足条件】を弊社が満たせるということをお目にかけたら取引をする、というコミットメントをなさるのはフェアだと思います。それがご希望に沿わないということでしたら、それはそれで構いません」

相手は言いました。

「他社のセールスパーソンならひたすら頭を下げ、この段階でわたしに向かって何かをしてくれとか、ましてやコミットメントなどと口が裂けても言わないのが常識だ。とにかく商品を見てもらえるだけでうれしい、とね。いったいなぜ今わたしがコミットメントしなければいけないのだ？」

スタンは相手の目をまっすぐに見て言いました。

「お客さまがご希望でない、ということであれば、コミットメントをなさる必要はまったくありません。しかしわたくしどもは、あくまでコミットメントをいただけなければ企画提案の準備をいたしかねます。いかがなされますか？」

客はぽかんとしていました。スタンの言っていることが信じられなかったらしいのです。

「わかった」、彼は言いました。「こちらの【満足条件】をすべて満たしたら、君のところに注文しよう」

スタンはなぜあんなに失礼なことをしたのでしょうか？　どういうつもりだったのでしょう？　ハラハラしましたよ。

答える前に、結局どういうことになったのか聞きたいね。まだ続きがあるだろ

う？

バイヤーが、こちらの【満足条件】をすべて満たすことができると証明されたら、おたくに注文を出そうと言ったとき、スタンは言いました。「ほんとうにそれをご希望でしょうか？」

相手は言ったのです。「それが希望だ、まちがいない」

それで？

するとスタンは言いました。「どうしてでしょう？」。耳を疑いました。もうクロージングした相手に向かって、また蒸し返したのです。

相手は理由を説明したかね？

しました。なぜWPCにパッケージの納入を頼みたいか、スタンのビジネスの進め方のどこが気に入ったかについて、あれこれ理由をあげて説明しました。

するとスタンは言いました。「来週の火曜日にそちらの【満足条件】を満たせることを証明できたら弊社にご注文いただく、ということにまだ迷いがおありですか？」

バイヤーはにっこりして言いました。「いや迷いはない。楽しみにしているよ」

VP　さっきの「なぜあんなに失礼なことをしたのでしょうか」という質問だが、君はもう答えを知っているのではないかね？

サム　そうですね。スタンはコミットメントが本物、つまりあくまで顧客が自分で決めたことであってこちらが誘導したものではない、ということを確かにしておきたかったのだと言いました。
客が自分で求めたものであってセールスパーソンが求めたものではない、ということを客の口から言わせたかった、と。

VP　で、そうなったかね？

サム　なりました。

VP　そこまでコミットメントして、客が翻意《ほんい》する可能性がどのくらいあると思う？

サム　ほとんどないでしょうね。よくセールスの講習で教わる、いわゆる「仮クロージング」とは対極的です。

VP　【高確率セールス】は売り手と買い手の間に《相互の敬意》があってはじめて成り立つ。売り手が買い手に敬意を払い、買い手が売り手を信頼していれば、「仮クロージング」につきものの「操作」など始めからはいる余地がない。「ノー」ということも含め、始めから終わりまで選択を相手にゆだねる。「イエス」を選択すれば、相手はコミットメントしていることになり、話は先に進む。もし「ノー」であれば相手を除外し、コミットメントに前向きなほかの客のために資源を節約する。

サム　買う、というコミットメントをしない限り、商品を見せることも説明することも、見積もりや提案書をつくることもしない、という点も伝統的セールスとは対照的です。

VP　確かにそのとおりだ。

サム　そうすることで、ふつうクロージングの前にしていたデモンストレーションや誘導はしません。

VP そうだ。

サム しかし相手がコミットメントに消極的だと、つい誘導してみたい衝動にかられます。

VP 時間がたてばかわるよ。

サム この仕事を始めてからずっと、ぼくは顧客に対して《不本意なことを無理強い》してきました。イバラの道だったのも無理ありません。

VP 伝統的セールスが労ばかり多くて実らないのはそのせいなのだよ。もし実りが多かったら、君はわが社に来なかっただろうしね。

サム 古い習慣を捨てるのは並たいていの苦労ではできません。でも少しずつ前進していると思います。

VP 同感だな。しかしまだときどき、【高確率セールス】は「望み薄の客」を「除外」する作業だということを忘れているような印象を受けるよ。

コンタクトした見込み客全員をクロージングしようとしても無理だ。ほとんどが「望み薄の客」なのだから、すみやかに効率よく除外し、「有望な客」だけに時間と資源をつぎ込む。「有望な客」ならほとんどはクロージングできるものだ。

そろそろ出かけていって自分のお得意さんを開拓する時期のような気がします。

がんばりたまえ。

第9章

失敗しないための注意点

サム　きのう、三カ所回りましたが、結局全部を除外することになりました。アポイントを取った時点では有望に思えましたが、取引を進めるのに必要なコミットメントには消極的でした。どこがミスだったのかわかりません。

VP　どうしてミスだと思うのかね。

サム　WPCのセールスパーソンは「有望な客」に会うと、ふつう初回で話をまとめてきます。ぼくは三連敗ですよ。

VP　それはいろいろ考えられるな。まず一人で行くのは初めてだ。新しい会社、新しいテクニック、新しい客への訪問。無事に帰ってきただけでもたいしたものだ。

次に、一見だれもかれもが「有望な客」であるように見えた、ということも考えられる。

もっと経験を積めば、電話一本で「望み薄の客」を見分けて除外することが簡単にできるようになる。ただし、経験を積んでも、何千本もヒットが打てるわけではないということは念頭におくべきだ。

第三に、もしかしたらミスもあったかもしれない。もちろん最初からラッキーな場合もあるが、それが本人のプラスになるとは限らないんだ。最初の幸運が災いしてあとから伸びなくなることもあるからね。失敗から学ぶことのほうが多いよ。

どういう意味でしょう?

ことごとく失敗ばかりしたにもかかわらず取引が成立する、ということもときにはある。「まぐれ当たりのマイナス効果」とわれわれは呼んでいる。なまじ初回で偶然に成功したため、それ以降も長い目で見て効率の悪いアプローチに頼ってしまいかねないということだ。

セールスが初めての人ならそういうこともあるでしょう。でもぼくはもう長いのです。伝統的セールスのテクニックが身に付いていて、しかもそれがほとんど役に立たないことも身にしみています。

ぼくが「まぐれ当たりのマイナス効果」の犠牲者になる恐れはまずありません。

ただ頭の隅《すみ》に入れておいてくれ。だれでもある程度まではその被害を受けやすいものだからね。

サム　わかりました。今朝はアポイントが二つあります。それが終わったら、あとは【顧客発掘】に専念します。

VP　結構だ。【発掘】はまだおもしろい作業ではないだろうと思う。しかし信じてもらいたい。ある段階になればそれ自体が楽しめるようになるよ。

サム　ぼくは単に生産的でありたいと願っているだけです。今はストレスがたまる一方で……。

VP　くれぐれもあせって「望み薄の客」のアポイントでスケジュールを埋めないようにしたまえよ。

翌日

サム　昨日二人の見込み客に会いました。一人は除外しました。もう一人には、新製品のパッケージに関する見積もりを出してくれと言われました。帰社してスーに話したところ、自分なら見積部門をわずらわさないと言うのです。どういうことでしょう？

VP　相手は見積もりをもらったらどうすると言っていた？

サム　価格が許容範囲内なら予算に組み込む、と言っていました。生産が始まったらうちと契約する、と。

VP　「概算見積もり」を出してはどうか、とスーに話してみてくれ。それなら手間も費用もかけないで出せる。生産量、注文サイズなどのおよその見積もりを出す、あくまで「推定案」だ。そういうものの数字は、実際の発注段階ではまず変更になるものだからね。

サム　しかしきのうの客は、いろいろな場合を考え、それぞれに正確な価格をつけた見積もりが欲しいと言いました。

VP　ちょっと待ってくれ。試作品の場合からフルに稼働させたときまでをいちいち見積もれと言われたんだね？

サム　よくおわかりですね。

VP　ほんとうに取引ができる相手かどうか、仕事にかかる前にまず可能性を読まなければいけないのだよ。

サム　しかしとりあえず見積もりを出さなければ、仕事はもらえません。

VP　まだ取引するというコミットメントをとっていないのに、仕事がもらえるとどうしてわかるのかね？

サム　見積もりを出さないでどうやって先方から仕事をもらうのですか。

VP　もともと相手が希望していなかったら仕事はもらえないよ。君にできることはただ一つ、相手に選んでもらうことだ。「価格にご納得がいただけたら、いかがなさいますか？」とひとこと聞いてみればよかったのだ。こちらが【満足条件】を満たしたら取引する、というコミットメントがとれるかどうかをはっきりさせる詰めの部分が甘かったのではないかね。

サム　実は機会がもらえなかったのです。【発見／除外】の質問は難なく終えた、と思ったら、先方が要望を一気にぶちまけ、最後に見積書を持ってくるようにと言われました。

VP　それがいわゆる「オドリ」の始まりだったのだ。

サム　「オドリ」、ですか？

VP　どういう意味だと思う？

サム　相手の言うなりになる、ということでしょうか。向こうが音頭をとり、ぼくが踊る。

VP　そのとおりだ。どうしてそうなったのかな？

サム　コントロールを失った、ということだと思います。

VP　らしいね。

サム　どこで間違えたのでしょう？

VP　質問する側から答える側へ、立場が逆転してしまったのだ。

サム　おっしゃる通りです。しかしどうすれば質問モードにもどることができたのでしょうか？

VP　なぜ質問モードから離れたのか、それが先だ。【発見／除外】の質問を終えてからすぐにコミットメントのことを聞いたかね？

サム　いいえ。【発見／除外】の質問があまりにも快調だったので、まずまちがいなく仕事がもらえると感じました。だからコミットメントを依頼するかわりに相手に調子を合わせたのです。

VP　コミットメントをもらう前の段階で先方に取引の意志があると判断した理由は何かね。

サム　信頼関係ができたと感じたからです。相手はぼくと取引をしたいという素振りを見せました。

VP　そのときはそう思っていたかもしれない。しかしあくまでコミットメントをとるまでは、相手が本気かどうかはわからないよ。それにコミットメントは、するか、しないかという選択肢を与えられない限り、しないのがふつうだ。

サム　それではあのお決まりの「オーダーを頼みつづける」と同じになってしまいます。

VP　そのあたりにこだわりがあるようだね。そろそろ「コミットメントを頼む」ことと「オーダーを頼む」こととは別だということがわからなければいけないよ。

サム　こだわっているのではなくて、二つの概念を分けておくことが難しいのです。違いがあいまいではありませんか？

VP　いや、はっきりしている。【高確率セールス】では「イエス」も「ノー」も受け入れられる。伝統的セールスは「イエス」しか受け付けない。

サム　失敗でした。もう一度行ってコミットメントを頼むのでは手遅れでしょうか？

VP　そんなことはない。コミットメントを頼むのに手遅れということはないよ。しかしコントロールを失ったあとだと、かなりやっかいになる。概算見積もりを出し、先方に渡すときにコミットメントを頼むといいだろう。

もしコミットメントがもらえたらそれでよし、もらえなければそれもいい経験だったというだけだ。

さらに翌日

サム　今日は三人の見込み客に会いました。最初の一人は一五分で対象外として除外しました。

VP　なぜだね？

サム　除外してくれと言わんばかりだったのです。こちらの質問に答えるどころか、何か言いかけようとするとさえぎって「とにかくサンプルをつくって見せてもらった上でないとメーカーとして検討はしない」と言うのです。

VP　君はどういう返事をした？

サム　先方のニーズと希望をこちらがじゅうぶんに了解し、コミットメントをもらった上でならばよろこんでサンプルをつくる、と言いました。そして必要なコミットメントの種類を説明しようとしましたが、相手はぼくをさえぎり、最高のデザイン、最高の品質のものを最低の価格で買うと確信するまではコミットメントはしない、と言うのです。
ですから、「それでは、わたくしどもはビジネスを進められません」と言って退散しました。腹が立ちましたよ。

VP　そこで切り上げたのは正しいな。ただ一つ問題なのは君の対応だよ。

サム　どうしてでしょう?

VP　相手が「望み薄の客」だからといって、いちいち腹を立ててどうする?
相手が小柄だからという理由で怒っているようなものだよ。個人差だと思えばいい。「望み薄の客」もいる、ということを念頭において、出会ったら見分けてさっさと次の客に移ればいい。

サム　おっしゃる通りだと思います。前の職場にいたときなら、はいつくばってでも相手にとり入ろうとしたでしょう。「望み薄の客」のために「オドリ」を踊ろうとしてずいぶん時間をムダにしました。

VP　ほかの二つのアポイントはどうだったかね？

サム　二件目では、かなりいい信頼関係をつくることができました。ところが【発見／除外】の質問に入ったところ、向こう六カ月は新しいパッケージの生産予定はない、と言われたのです。これではつじつまが合いません。アポイントをとったときには新しいデザインがすぐにも欲しいという話でしたから。

VP　で、どうした？

サム　お話が違いませんかと聞きました。すると担当者は、新製品のためにデザインを集めている段階なので、半年後でないと実際の生産のめどは立たないと言ったのです。その時点でぼくと取引をする気があるかどうかを彼女に尋ねました。

彼女は「大ありよ。おたくのパッケージがうちの商品にふさわしければね」と答え、サンプルと見積もりが欲しいと言いました。

VP　それから？

サム　先方の【満足条件】を決めれば、それをもとにコミットメントにこぎつけられないかどうかと尋ねました。しかしパッケージについて最終決定をする見通しが立つまでは、コミットメントはできないというのが彼女の答えでした。向こう六カ月間は無理だというのです。

VP　君はどう返事をした？

サム　そのころにもう一度訪ねてもいいかと聞きました。

彼女は、「五カ月後にいらしてください。そのときにうちのマーケティング戦略をしっかり把握し、商品プロジェクトのほかのメンバーにも会って、彼らの要望も聞いてもらいますからね」と言いました。

VP　上出来だ。時期的な問題はどうしようもないからね。電話では理解が不十分だったようだが、訪問はちゃんと成果が上がったじゃないか。カレンダーに印をつけて、忘れずにもう一度彼女を訪ねることだ。三人目はどうだった？

サム　最後がとっておきです。信頼関係をつくり、【発見／除外】の質問も終えてから、宣伝マネジャーに聞きました。

「われわれのパッケージに宣伝効果をアップする魅力があり、現在ご使用中のパッケージと比べてそれほど高価ではないとすれば、いかがなさいますか？」

「それほど、というとどのくらいだね？」と彼は聞き返しました。

「一個につきおよそ一ドルです」

「それだけで済むなら、よろこんで買おう。サンプルをつくってもらえるかね？」

「ほかのお客さまのためにおつくりした、似たようなタイプのパッケージ・サンプルでよろしければすぐにお見せできます。しかしお客さま専用のサンプルをおつくりする場合は、さきにコミットメントをいただかなければなりません。サンプル注文の費用はその後本格的なご注文をいただければ無料になります。いかがでしょうか？」

するとと彼は言いました。

「決まりだ！　注文書を書こう。そうすれば君、今すぐとりかかれるぞ」

ぼくは彼といっしょに注文書を書き、二人で購買部門に出かけ、タイプしてもらって、それを手に辞去《じきょ》しました。最高の気分です！

VP やったじゃないか！【高確率セールス】を今はどう思う？

サム すごいですね。やっと少しつかめてきたような感じです。

VP そうだとも。ただしまだ修行はいるがね。三番めの訪問では、君はさきにコミットメントをもらったので、【満足条件】の見直しをする必要を感じなかったようだ。しかしいつでもそう簡単にいくわけではないぞ。

サム 考えもしませんでした。

VP いったん確かな人間関係ができると、相手は君と取引したいという希望を抱くものだ。しかしそれでもまだ、ほとんどの見込み客は、特定のニーズや要望がほんとうに満たされるという確信が欲しいものだ。

サム 彼はＷＰＣがちゃんと仕事をすると確信して、ぽんと注文したような感じでした。

VP 微妙にちがうな。二人でいっしょに注文書を書いたと言ったね。どうしてそうなったのかね？

なるほど、おっしゃりたいことがわかりましたよ。注文書を作成しながら、ぼくは彼の【満足条件】を処理していたわけですね。希望は何か、それに対してWPCは何をするか、何をしないか、そして先方が受け入れるのはどこまでかという点まで煮詰めました。あんまりスムーズに行ったので、何が起きているのかよくわかっていませんでした。

相手を操っている気がしたかね？

しませんでした。向こうにいた間は、ただひたすら「ビジネスをしている」という感じでした。ただ帰ってきてから、あんまり簡単に行ったので、自分が相手を操ったのかもしれないとは思いました。

ですが注文書を書くときにあれだけ細部まで話を詰めることができたのも、無理強いでは不可能です。実際彼は、自分の要望を言葉にする際は大変慎重でした。

重要なのは、君が自分で言ったことを完全に理解しておくこと。それから、君が相手の【満足条件】を処理すること、しかもそれを率直に、完全に行うことは君の義務だからね。

覚えておいてくれ。君が操っていると感じたら、相手も同じように感じているのだ。

サム　そうなったらどうすればよいのですか？

VP　前に言ったとおりだよ。気がついたらすぐやめることだ。そして今話し合っていることが相手の希望に沿っているかどうかを質問する。

サム　先月までとてもそんなことをする度胸はありませんでした。呪文がとけて、相手が「ノー」というのが怖かったのです。

VP　多くのセールスパーソンは、見込み客はいついかなるときも「ノー」を言って構わないということを忘れがちだ。ほんとうは「ノー」と言いたいのに説きふせられて「イエス」と言わされた客は、翌日になるとキャンセルするかもしれない。

サム　学ぶべきことはまだまだありそうですね。

VP　【満足条件】については完全に理解したかね？　今度の「有望な客」については、【満足条件】を一から一〇まで、すべて一緒に見直すことを忘れないように。

サム　だいじょうぶだと思います。まだなんとなくしっくり来ない感じはするのですが。

VP　しっくり来ないということはどういうことかわかるかね?

サム　もちろん。前に進み、成長しているという証《あかし》です!

第10章

満足条件——取引成立への最速ルート

サム　おはようございます。

VP　調子はどうかね？

サム　先週はずっと「有望な客」に限ってアポイントをとるように努力しました。これはいける！という訪問も何回か経験しましたし、一件は新規受注もしました。それでもやはり、「望み薄の客」を対象外として完全にはずしてしまうのは苦手です。

VP　というと？

サム　見込み客とはごく自然に信頼関係をつくれるようになりました。毎日新しい人と交流を深められるというのはすごいことですね。しかしいったん信頼関係ができると、たとえ「望み薄」の相手だとわかったとしても、なかなか腰を上げにくくなってしまいました。

VP　もちろん、いきなり切り上げる必要はないよ。これこれしかじかで切り上げる、と理由をちゃんと説明すればいい。

サム　そういうことではないのです。相手を知るために大変な労力と時間をかけるでしょう？　少しは何かしないともったいないような気がするのです。

VP　まだ君は片っ端から売ろうとしているように聞こえるよ。

サム　かもしれません。自分を変えるのはむずかしいし、特に好感のもてる相手で一緒に仕事をしたいと思ったときは複雑です。

VP　なぜ自分はそこにいるのかを忘れないようにしなければいけないな。ともに満足できる双方向のビジネスの下地があるかどうかを見るために相手と話していることを忘れないように。時間は貴重だ。

サム　それにもう一つ、やっぱりときどき気がつくと誘導しています。

VP　どういうときに？

サム　だいたい【満足条件】を確認していくときですね。どの点もきっちりクロージングしたいと思うと、うちでは満たせない条件は出さない方向に相手を誘導しようとしています。

クロージングは、【高確率セールス】のプロセスのなかでは本来一番簡単な部分のはずだよ。しつこいようだが、操作しようとするから抵抗が生まれるのだ。最初から一つ一つ見直してみよう。

まず最初に信頼関係をつくる。これができると、取引をしたいと思える相手かどうかがわかる。互いに信頼感も敬意も抱けないと思ったらただちに相手を除外して訪問を終える。

そのまま進む場合は【発見／除外】の質問をする。質問にはもれなく答えてもらい、問題があれば納得がいくまで話し合う。「イエス」か「ノー」を決める権限をもつ人物も含めた意志決定者全員に対してこの作業を行う。

その時点で相手に【満足条件】つまり「購入決定の前提となる基準」を正確に定めなければならないと言うこと。

それから尋ねる。「もしわたくしが御社の【満足条件】を満たす提案をお持ちしたら、いかがなさいますか？」

もし「君に仕事を頼む」というようなコミットメント以外の返事が返ってきたら、基本的ルールを告げる。デモンストレーションには多大な労力がかかることを説明し、先方の【満足条件】を満たせば注文するというコミットメントがあった場合のみデモンストレーションをしたい、と言う。そこではっきりしたコミットメントがとれなければ、相手を「除外」して訪問を切り上げる。

コミットメントがとれたら、【満足条件】を一つ一つ聞いて確かめ、相手の言葉をそのまま記録する。先方から出されなくても必要な条件があればこちらから提言する。こちらで満たせない点は話し合う。どうしても満たせず、先方も譲れない条件があれば、やはり対象外として「除外」する。

こちらが満たしうる【満足条件】がまとめられれば取引成立だ。あらためて訪問し、提案書を見せて【満足条件】を満たすことができると証明できれば、契約が完成される。

ずっとひっかかっていたのはそこです。たった今言われた、【満足条件】の一つがこちらでは満たせない場合のことです。

具体的に言ってみてくれ。

サム うちのパッケージを買いたいが、今使っているパッケージの価格の一〇%までしか上乗せできない、と言われました。それでは無理だと言ったところ、話を打ち切られました。

VP それがどうして問題なのかね？

サム うちのパッケージの宣伝的価値を説明するチャンスがありませんでした。

VP うちのパッケージには一〇%までしか価値がないと考えるちゃんとした理由があったのかもしれないよ。理由を聞いてみたのかね？

サム いいえ。どうにもならなさそうな相手だったので、さっさと退散しました。

VP それでいい。その場にいなかったからなんとも言えないが、わたしならば「なぜですか？」と聞いたかもしれない。当て推量よりは聞いてみるほうがいい。どのみち、あやしいと思った相手を対象外としたのは正しかったがね。

「有望な客」なら、こちらが除外したくなるような態度などそう簡単に見せないものだ。

サム　「弊社のお得意さま方のように売上げを三割伸ばすことをお考えになりませんか？」とかなんとか持ちかけるべきでしたね。

VP　とんでもない！　質問の体裁をとった売り込みは、《露骨な操作》であり顧客に対する侮辱《ぶじょく》だよ。【高確率セールス】では、説得や誘導などの操作は意識した瞬間からルール違反だ。ちょっと考えればどこが間違っているかすぐわかるだろう。

サム　しかしＷＰＣのパッケージでいかに売上げが伸ばせるかをもっと知ってもらいたいとぼくは思うのです。ターゲット・マーケットの人々が知ったら、みんなうちのパッケージを使うようになりますよ。

VP　冗談だろう？

サム　現にお得意さんの六割以上が、うちの通路ディスプレイで売上げが少なくとも三割伸びたと報告しているじゃないですか。

VP　それはそうだ。しかし成果を上げたのは、うちのディスプレイが自社商品に及ぼす効果を顧客が慎重に分析していたためだよ。だれでも同じ結果が得られるわけではないし、いつもコストを上げた分の利益が得られるわけではない。

サム　そこまで考えが及びませんでした。もし通路の位置関係がふさわしくなければ、ディスプレイ・パッケージに対費用効果があるとはいえませんね。

VP　そうだ。

サム　しかしうちの商品を使えば売上げが伸びることが確かな場合は、どうやってそれを証明すればよいのですか?

VP　そんな必要はないよ。多くの客はうちが扱っているようなパッケージの効果をだいたい知っている。そうでなかったら会ってもらえないからね。
費用やアート印刷の技術など、細かいことは知らないかもしれない。しかしふつう売上増のために何ができるかということに客は敏感だ。ぼんやりして何も知らないのは「望み薄の客」だ。

サム　見込み客の【満足条件】リストをつくるのはなぜですか?

VP　【満足条件】をリストにしながら、実は合意文書をつくっているのだよ。
コミットメントをとるには、欲しいといわれたものを、指定の日時に合意済みの価格で納入することが必要だ。あいまいな表現を排除し、後から契約破棄する理由をなくすことが第一目的だ。

サム　しかし必ずご満足の行くようにしますと保証すれば、買い手は何も失うものはないでしょう？

VP　それこそ絶対にしてはいけないことだよ。世の中には何をしても満足しない人もいる。無条件の満足保証だけは絶対に避けなければいけない。
【満足条件】をリストにすることで、《相手の【満足条件】を限定》してしまうのだ。

サム　最初にもってくる条件は何が一番いいでしょうか？

VP　「一番よい」条件というのはないよ。
基本部分、すなわち価格・品質・サービスの三つが先決だ。順序は何でもいい。
価格を最後に残そうとするセールスパーソンが多いが、われわれは違う。

【発見／除外】の過程ですでにその点でも適格な相手であることは分かっているので、価格から手をつけても構わない。

サービスは、きっちり明確に押さえておかなければならない部分だ。提供するサービスとしないサービスをはっきりさせる。納品のスケジュール、アフターサービス、有料のオプションサービス、トラブル発生時の対応、そのほか商品にかかわることはすべて含まれる。

品質には商品の特徴も含まれる。ＷＰＣのセールスパーソンにとっては、印刷の種類やグレード、パッケージの大きさ、色、強度、組み立てにかかる時間、組み立て易さ、そのほか物理的な特徴すべてが品質となる。

あとから作業を確認できるように、見込み客の【満足条件】を詳しく書き出すこと。

それで商品をデモンストレーションするときは、先方が買うとコミットメントした商品だと確信してもらうことができるわけですね。

そのとおりだ。

サム　わかりました。もしパッケージではなく保険のセールスだとしたら、【満足条件】を決める間に相手の経済事情を見てとり、商品をその事情に合わせますね。

VP　そうだ。

サム　保険業界でいわれる「ニーズセールス」とは違うのですか？

VP　まったく違う。保険代理店は通常、商品説明をする前に客の経済事情を知ろうとする。次に本人が考えてもいなかったこんなニーズがある、と客を口説き、さらに自社の商品がいかにそのニーズを満たすかということをさかんに示す。

　こんなやり方では、消耗するだけで契約してもらえる可能性は低い。

【高確率セールス】では、提供する商品に対するニーズを認識していて、それをいま満たしたいと希望している客だけを対象にする。だから【満足条件】を定めていくうちに、客の希望する商品の特徴や性格を双方ともはっきりとらえることができる。

　保険業界のセールスパーソンの多くはこのような見込み客を見つける方法を知らず、仮に見つけたとしても効率的に対応できない。

サム　GHI社のジョー・ラフィアという客とのトラブルについてアドバイスしていただけませんか？
【満足条件】について交渉し、社にもどって見積部門に見積書を出してもらいました。それから別の顧客のためにつくったサンプルを探し出しました。構造もアートワークも、ジョーの希望した商品にそっくりのものです。
　翌日見積もりを持っていったときサンプルを見せました。見積もりは先方の予算に見合っていたし、プリントの質もこれでいい、と言われました。そこで、購買部門に行って注文書を書くお手伝いをしましょうかと尋ねたのです。
　すると彼は時期が早すぎると言いました。マーケティングマネジャーがアートワークの承認をする必要があるが、それはまだ二カ月先の話で、そのときになってやっと新しい広告キャンペーンを始めるからと言うのです。

VP　ジョーの肩書きは？

サム　非乳製品デザートのプロダクトマネジャーでした。

VP　部門内のマーケティングマネジャーや、販促マネジャーとは話したかね？

サム　いいえ。ジョーに「あなたが意志決定者ですか?」と尋ねたところ、「わたしはこの商品全般について完全な責任を負っていますよ」という返事だったのです。でも事実は違っていました。

VP　つまずいたのを人のせいにしてはいけないよ。

サム　ぼくのミスだということですか?

VP

> 自分が招いてしまった結果に対する責任は自分で引き受けなければ、あやまちに気づかず同じミスを繰り返すことになる。

ただ、ミスがなければいつも契約がとれるというつもりは毛頭ないよ。セールスは科学ではないからね。【高確率セールス】は効果的だが絶対ではない。

というわけで、そうだな、今回はいくつか君にミスがあったようだ。

サム　どんなところでしょう?

VP　【発見／除外】の二つの質問を、自分の判断で一つにまとめてしまったところだ。それから、「あなたが意志決定者ですか」とジョーに聞いたとき、彼は質問をそらしてどうにでもとれる返事をし、君はそれを受け入れてしまった。

サム　今話している相手が意志決定者かどうかを知りたかったのです。だから本人にそう聞くのが一番だと思いました。

VP　教訓その一だよ。今後何かわからないことがあったら、質問する。ただし客に対する質問の言い回しは定石をきっちり守る。それぞれの質問にはねらいがあるのだ。君の尋ね方で有効だったら、とっくにそれを採用していたよ。

サム　意志決定者かどうか本人に聞くのはいけないことですか？　もしちゃんと答えてもらっていたら、たとえば「そうだが？」と言われたらどうだったでしょう？

VP　きみのした質問はわざわざ誤解を招く答えを誘っているよ。あいまいで、どうにでもとれる。【発見／除外】の質問はこうするべきだ。

▼パッケージの変更を決定するとしたら、どなたにご相談なさいますか？
▼話を進めるとしたら、ほかにどなたのご承認が必要でしょうか？

サム　違いがわかりました。これなら確かに誤解の余地がありません。

VP　質問の順序と言い回しは非常に重要だ。この定石は、ほんとうに必要な情報だけを引き出すように言葉を選んでつくられているからね。
ジョーの問題は【満足条件】とは関係がない。【発見／除外】段階での君の質問が原因だよ。

サム　自分のあやまちを並べ立てるのは気が滅入りますが、今はそれしか学ぶ方法がありませんね。
ベンソン壁紙会社のマイケル・ベンソンともゴタゴタがありました。会社の創業者の孫に当たり、販促部門の副部長で、店頭広告全般を仕切っています。
二度目に会ったとき、企画提案を出し、壁紙ロール用のサンプル・パッケージを見せました。ディスプレイのヘッダー部分に壁紙見本を小さく切って貼り、ベンソン社の雑誌広告を上に添えたサンプルをつくったのです。

VP　なかなかいいじゃないか。

サム　サンプルを見せたとき、彼はこの広告が気に入らないと言いました。でも気に入らないものを渡したのは彼ですよ。どうしてお気に召さないのでしょうと聞きました。

　すると広告中の壁紙の色が実際の壁紙見本の色とズレている、広告会社の色分解がなっていないと言うのです。同じ箱に見本と広告を並べるなら、色は正確に同じでなければいけない、と言うことでした。

　ぎょっとしましたよ！「正確に」とはどういうことでしょうかと聞きました。彼の目で見てオーケーならばオーケーだと言うのです。

　ぼくは「当社の色合わせは工業規格を満たすことを保証します。特に問題になる色については色の幅の限界になる二色のサンプルをおつくりしましょう」と言いました。

　すると先方は、納品ごとに自分が立ち会って検査するというのです。それでは受注できない、第三者が判定できる客観的な基準を設けてほしいと言ってみました。それでも彼は自分の主観的チェックがどうしても必要だというのです。

VP　そこまでこじれる前に、どんな手を打ったら問題が発見できたと思う？

サム　わかりません。

VP　いいだろう。彼の【満足条件】を満たせば注文がとれる、と君が信じたのはどういうわけだい？

サム　「運搬用パッケージで商品をそのまま展示し同時に宣伝もできる、というパッケージを御社の商品のためにおつくりしたら、いかがなさいますか？」という言葉で始めました。

単価で六ドルないし七ドルまでなら買おうと彼は言いました。こちらの価格は五・八五ドルです。しかしその後に彼がこの色合わせのことを言い始めたのです。

VP　もう一度聞くよ。【満足条件】を交渉する過程でこの問題を表面に浮かび上がらせるためには、何をすればよかったかね？

サム　わかりません。

VP　壁紙の見本と広告を渡されたとき、どちらの色を希望するか、先方に聞いたかね？

サム　いいえ。両方渡されたので両方が彼の希望だと判断しました。

VP　自分の判断に頼ってはいけないと、トレーニングで学ばなかったかね？ 当てになるのは、《明確な議論》を経て合意に達したコミットメントだけなのだ。だから【満足条件】は細かいところまで徹底して話し合わなければならない。

サム　おっしゃるとおりです。しかし、応じられない条件を持ち出されたらという恐怖感があって、どうしても甘くなることがあるのです。

伝統的セールスのテクニックだと、それは「反論」になります。反論にはなるべくとりあわず、客が固執《こしつ》した場合に限って対処するというのが鉄則でした。相手が問題にしないときでも自分から持ち出すべきだとおっしゃるのですか？

VP　そのとおりだ。前もって「反論に対処」しなかったために、どれだけ時間をムダにしたか考えてみるといい。すべての作業にとりかかる前に色の問題をはっきりさせていたら、どうなっていたかね？

サム　おっしゃるとおりです。時間を浪費しました。

VP　時間の浪費はもったいない。だからこそ、【満足条件】を定めるときは、細部まで手を抜かず、すべてを網羅することが重要だ。

ターゲット・ブランド社のチャック・ライリー（以下ＣＲ）の【満足条件】ではどんな具合だった？

【満足条件】は、と尋ねたら、彼はきょとんとしていました。そこで「御社からのご希望を正確に決めるためにいくつか質問をさせていただきます。そのあとでご質問を承ります」と説明しました。

最初に、自立式通路ディスプレイとしても使える外装パッケージを何のために使うのか、その目的を尋ねました。

小売店にこのディスプレイを使ってもらい、そのディスカウント分を消費者に還元するという条件つきで、小売店側に期間限定の二割引を提案するつもりだ、とのことでした。現有小売店でのマーケット・シェアを拡大し、ほかの店舗からの新規受注の販促効果も期待している、とのことでした。

つぎに新しいパッケージにいくらぐらい投資しますかと聞きました。一箱につき二・五ドルまでならなんとかなる、とのことでした。こうして値段が決まりました。

そこで、その値段でどんなグラフィック印刷を期待するかと尋ねました。一六インチ×二〇インチの四色刷りカラーヘッダー、側面には二色刷りのレタリングが欲しい、と言われました。

「そのお値段ですと側面のレタリングは一色になりますが、どうされますか?」と聞きました。すると彼は「しかたがないな」と言いました。

「ほんとうによろしいですか?」と尋ねると、「大切なのはヘッダーのほうだ。ヘッダーの四色刷りだけは譲れない」こうしてグラフィックも決まりました。

注文の個数を尋ねると二〇〇〇個、納期は約一〇週間後とのことで、これで納品の話はまとまりました。

順序に従って、パッケージの色を尋ねました。白がいい、との答えでした。

「ほかに何かうかがっておくべきことがありますか?」と聞くと、「組み立てが簡単であること、それに製品保護の点で現在使用中のものに劣っては困る」とのことでした。そこで現在使用中のパッケージを見せてもらいました。見本を見て、WPCのパッケージならばなんら問題なくクリアできると確信しました。

「ほかに何かありますか?」と尋ねると、色に関しては工業規格を満たしてもらいたいと言われました。

「ほかにも何か?」と尋ねたら、現場の人間にとって組み立てと梱包が簡単であること、とのことでした。

「まだほかには？」と聞くと、「もうない。以上だ」。

話しながらメモをとり続け、口頭で読み返し、間違いがないかどうか彼に確認しました。間違いはないと言われ、「ほんとうにこれで全部でしょうか？」と聞いたところ、「非の打ち所がないよ」とのことでした。

最後に「二週間後にあらためてうかがって、御社の【満足条件】をすべて満たすことができることを実際にお目にかけたら、どうなさいますか？」と聞くと、「ここから帰る時には注文書を手にしていることを請け合うよ」とのことでした。

きのう、うちの標準通路ディスプレイのサンプルと見積もりを持ってもう一度訪問しました。最初に【満足条件】を読み上げ、リスト作成後に変更した点があるかどうかを聞き、何ひとつ変更はないと言われました。それからしばらくは、つぎのようなやりとりが続きました。

●　●　●

二週間前にうかがったおりに、もしわたくしどもが御社の【満足条件】を満た

すことができれば、今日ご注文いただけるとのお話でした。そのお言葉に変わりはございませんか？

CR　約束は守るよ。

サム　たった一つだけ、わたしどもでご希望に沿えない条件があります。その点についてご相談させていただきたいのですがよろしいですか？

CR　もちろんだ。

サム　御社の商品を収納し保護するパッケージをおつくりするとなると、四色刷りヘッダー部分は一六インチ×二〇インチではなく、一五インチ×一九インチに変更せざるを得ません。

CR　なぜだね？

サムはそこでサンプルを見せ、ヘッダーのグラフィックがパッケージの外寸と同じ大きさだとはみだしてしまうことを示した。

CR　残念だ。だがほかの部分がオーケーなら、たぶん、これでいくことになるな。

サム　たぶん、とはどういう意味でしょうか?

CR　見積もりやそのほかの細かい点を先に見ておきたいのだが。

サム　ですが、この点についてご了解がいただけないと、先に進めてもムダになってしまいかねません。

CR　(しばらく考え込んだあと)ほかの点がすべて満たされるなら、予定より小さいヘッダーでも構わない。

サム　確かですか?

CR　もちろんだ。

●　●　●

サム　それからまた一つずつ条件を見直し、全部終わった段階で注文をもらって帰ってきたのです。

VP　ビギナーにしてはよくやったよ！

サム　お礼まで言われました。

VP　【高確率セールス】のセールスパーソンにとってはめずらしいことじゃないよ。
なんと返事をしたかね？

サム　お取引いただいてありがとうございます。

VP　そりゃ唯一のミスだ。「どういたしまして」と言えばよかったのに。

サム　どうしてでしょう？

VP　自分で考えてみたまえ。

終章

高確率セールスのすべて

サムはデスクで新しいリストを見ながら【発掘】をしている。

もしもし、環境ガーデン・プロダクト（ＥＧＰ）社ですか、パッケージご担当の方をお願いします。……つないでいただけますか？……ありがとうございます。

もしもし、トム・マーチャントです。

もしもし、こちらＷＰＣのサム・イーストマンと申します。弊社では、組み立て簡単、フラット納品タイプの組み込み式四色刷りディスプレイ・パッケージを製造しております。この製品をご希望なさいますか？

売り場のディスプレイとしても使える、あの箱のことですか？

はい、そうです。お使いになりたいですか？

使えるかもしれないな。どんなものか聞かせてもらいましょう。ちょうど新商品を出すのでパッケージデザインをさがしているところなんですよ。対費用効果があり、ほかの点でも納得がいけば試してみましょう。来週の月曜日に来て、ど

んなものか見せてもらえますか？

サム　月曜日と火曜日は都合でうかがえません。水曜日ではいかがでしょうか？

トム　いいですよ。時間は？

サム　朝九時ではいかがですか？

トム　来週水曜日、朝九時ですね。

サム　はい。ではお目にかかって、われわれのパッケージが御社の基準を満たした場合はいかがなさいますか？

トム　当然取引することになりますね。

サム　急にご都合が悪くなったときのため、わたくしどもの電話番号をお控《ひか》えいただけますか。

トム　わかりました。ではどうぞ。

翌週水曜日、サムがＥＧＰのロビーで待っていると、トム・マーチャントが迎えにきた。

トム　こんにちは。サムですね。トム・マーチャントです。会議室にご案内しましょう。

サム　お供します（トムについてオフィスに入る）。ご繁盛ですね。御社の駐車場には空きがなくてなかなか止められませんでした。

トム　おかげさまでなんとかね。入社当時から見ると規模にしてほぼ三倍です。

サム　入社当時とおっしゃいますと、どのくらい前ですか？

トム　約九年前です。

サム　仕入マネジャーになられてからは何年になられます？

トム　ほぼ四年ですね。

サム　その前はどういうお仕事を？

トム　ＥＧＰの殺虫剤のプロダクトマネジャーでした。

サム　それがＥＧＰでの最初のお仕事ですか？

トム　いや、最初は営業でしたよ。

サム　ＥＧＰにいらっしゃる以前はどういうご関係のお仕事だったのですか？

トム　ハードウエアの卸しを三年。

サム　それが最初のお仕事ですか？

トム　いやいや、その前がまだあります。広告会社のレイアウト・アーティストでした。

サム　特殊な技能がいるお仕事ですね。

トム　そうですね。大学での専攻がアートだったので。

サム　ご出身の大学はどちらですか？

トム　フィラデルフィア芸術大学です。

サム　美術系でしたか？　それともコマーシャル・アート系でしたか？

トム　学位は美術でしたが、コマーシャル・アートのコースをかなりとりましたよ。

サム　それはどうしてでしょう？

トム　親が「絵で食べていくのは容易なことじゃない」とうるさくてね。結局は正しかったわけですが。

サム　正しかった、というのは？

トム　しばらくは絵で食べていこうとがんばっていたのですが、やっぱり大変でした。今でもヒマがあれば絵を描きますが、お金のためというよりは好きだからですね。

サム　絵で食べていくというのはどんなところが大変なのでしょう？

トム　四年ほど描いていました。まだ独身だったので、なんとか生活はできていました。でもやがて結婚し、一年のうちには娘も生まれました。家族を養う必要にかられ、フリーでコマーシャル・アートの仕事を始めたのです。しばらくしてからさっきお話しした広告会社から正社員として来ないかと誘われ、オーケーしたのです。

サム　あなたの絵の才能を最初に見抜いたのはどなたでしたか？

トム　母です。母自身がコマーシャル・アーティストで、今でも週に一〇時間ぐらいは昔のお得意さんのために仕事をしていますよ。

サム　才能がある、と初めてお母さんに言われたのはいつでしたか？

トム　四才ぐらいかな。クリスマスに叔母の家に泊まりに行ったときのことです。年の近いいとこたちがうじゃうじゃいて、叔母はたぶん邪魔だったのでしょうね。みんなで下の部屋で遊びなさい、と紙とクレヨンを渡して追い払ったのです。ぼくは一人ずつみんなの顔を描いてやろうと思いました。

最初にできた絵をいとこのスーザンが上の部屋に見せに行くと、大人たちがみんなぞろぞろ降りてきてぼくの手元をのぞきこむのです。自分は絵がうまい、と思ったのはそのときが最初でしたね。

サム　お父さんはどう思っていらっしゃいましたか？

トム　父は芸術を理解しないタイプなんです。金にならなければ才能とは言えない、才能のあるなしは稼いだ金額によると思っているのです。

サム　お父さんとの間には少しわだかまりがあったような感じですね。

トム　過去形にはなってないな。いまだに収入にしか興味がない。

サム　お父さんご自身のお仕事はうまく行っておられたのでしょう？

トム　社会的にはかなり成功したほうですかね。少なくとも経済的には。

サム　とおっしゃいますと？

トム　何ていうのかな、明るい性格じゃないんです。やけに気むずかしくて。

サム　気むずかしい？

トム　人のあら探しばかりして、愛情を表に出せないタイプなんですよ。

サム　さきほどのクリスマスのとき、お父さまはあなたの絵はご覧になったのですか？

トム　見ましたよ。絵で儲けるのは大変だとかなんとか言いましたね。

サム　こたえたでしょう？

トム　親父はぼくを認めていないとずっと感じてきました。何をしても、親父は絶対に満足しないだろうな、と。

サム　それでどうされたのですか？

トム　何をするときも優秀だと父に認められたくて必死でした。でも結局あきらめた。

サム　なぜでしょうね？

トム　いい質問ですね。（しばらく考えてから）あるときふと、何をしても十分ということはありえないと思ったんです。でも大人になってから、父はぼくに愛情を感じていないのではなく、不器用で表現できないだけなんだと気づきました。

サム　何かあったのですか？

トム　こんな話、聞きたいのですか？

サム　おさしつかえなければ、ぜひ。

トム　カレッジに出発する日、家の前で車を待っていると、父が出てきました。幸運を祈るよ、元気でな、といいながら言葉につかえ、目には涙があふれていたんです。いきなりぼくを抱きしめ、それ以上ひとことも言わずに家に入ってしまいました。

サム　どんなお気持ちでしたか？

トム　驚いたなんてもんじゃありません。生まれて初めて自分の親の性格に気がついたわけです。胸が熱くなりましたよ。

サム　お父さんはお孫さんとはうまくいっていらっしゃいますか？

トム　それが、信じられないくらいうまくいっているのです。父は孫には目がないし、子どもたちは「おじいちゃん大好き！」、ですよ。

サム　あなたご自身のお子さんとの関係はいかがですか？

トム　自分の経験があるので、子どもたちにはいつも「おまえのすることをちゃんと認めているよ」、ということをアピールするように努力しています。
　ただしほかの子の手前、下の娘の絵の才能は逆に褒めすぎないように気を使います。といっても秘蔵っ子なのでこれがなかなか大変でね。

サム　お子さんは何人いらっしゃるのですか？

トム　三人です。娘二人に息子が一人。三番目のジェニーが今一八歳です。生まれつきのアーティストで、字を書くずっと前から絵を描いていました。このあいだ、通《かよ》っているバード・カレッジで賞をとったばかりです。

サム　ほかのお二人はどういう才能を？

トム　上の娘のナンシーは、ずっと数学が得意でした。今はGEのシステム・アナリストをしています。息子のマイクは大工です。

サム　奥さまは？

トム　もう長いこと法律事務所に勤めています。

サム　奥さまはあなたの絵をなんと？

トム　だれよりも応援してくれていますよ。ぼくの絵のＰＲを書いて地元紙にのせています。それがもとで絵が売れることが多いですね。

サム　奥さまのサポートがなくてはならなかった、ということですね。

トム　ほんとうに感謝していますよ。特別な存在ですからね。

サム　というと？

トム　すばらしい妻であり、有能な主婦であり、偉大な母でもあります。みんな彼女に会うと元気が出るっていうんです。もちろん、働いて家計を支えながら、ぼくの絵を宣伝する時間までなんとかしてくれますからね。

サム　絵で生活できるとしたらどうされますか？

トム
仕事をやめて一日中絵を描いているだろうな。

サム
（微笑しながら）ではそろそろビジネスに参りましょう。
先週お電話したときに、新製品が出るのでパッケージデザインを探しているが、店頭広告とパッケージを一つにして考えてみたい、というお話でしたね。お気持ちに変わりはありませんか。

トム
電話で聞いた限りでは、新製品の一つにぴったり合うという感じがしました。そういう外装パッケージを前に見たことがありましてね。たぶん今使っているものよりも値が張るはずです。今はステンシル印刷※で文字を入れたふつうの段ボールを使っているので。

サム
おっしゃる通りです。ＷＰＣのパッケージは値段の点では割高かと思います。四色刷りのディスプレイ・パッケージを必要とされる理由を教えていただけますか？

トム
必要、というわけではないのですが、外観のグレードアップを図り、知名度を

※文字や模様の部分を型から切り抜き、インクが通過するようにした印刷法。

上げたいというのがねらいです。

サム　四色刷りディスプレイ・パッケージをご希望ですか？

トム　ええ、それで売上げが伸びるのなら。

サム　現在ご使用中のものに比べると、パッケージ一つあたり二ドルずつ高くなります。ご予算としてはいかがです？　お支払いのご用意はよろしいですか？

トム　パッケージを新しくして売上げが二％以上伸びたら、投資した費用は回収できるうえ、広告費がタダになります。

サム　つまりもう二ドルずつよけいにお支払いになる、ということでしょうか、それとも、ならないということでしょうか？

トム　お支払いする、ということです。

サム　お話を進めることになった場合の納期のご希望をうかがえますか？

トム　およそ三カ月後には手元にないと困ります。パッケージを組み立て、製品を収納、梱包するのにだいたい二週間と見て、そのころなら次の書き入れ時前に出荷ができます。

サム　三カ月後にパッケージが間に合わなかった場合、どういうことになりますか？

トム　さらに九カ月待たないとテスト販売ができないことになります。次のピークが九カ月後なので。

サム　こういった重大な決定をするとき、どなたにご相談されますか？

トム　こういう場合はセールスマネジャーですね。

サム　ではセールスマネジャーに一五分ほどお時間をいただけるでしょうか？　直接サンプルをお目にかけ、ご質問にお答えし、キャンペーンのねらいをうかがわせていただきたいのですが。こちらの皆さまの基準に沿えるかどうかを確認させていただくためです。

トム　手配しましょう。もともとパッケージの一新については、彼はおおいに乗り気です。

サム　お話を進めることになった場合、ほかにどなたの同意が必要になりますか？

トム　プロダクトマネジャーと宣伝マネジャーですね。

サム　わかりました。わたくしどもの進め方でご同意いただけるかどうか、お二方とも直接お目にかかりたいのですが、ご手配いただけますか？

トム　よろこんで。来週金曜日の午前中はいかがです？

サム　おうかがいします。お話がまとまった場合、どなたのご承認が必要ですか？

トム　最高財務責任者（ＣＦＯ）の承認が必要です。折り紙つきの財務実績がないプロジェクトには彼の承認がいることになっています。

サム　わかりました。まずはＣＦＯの方とお話しする必要がありますね。そこで承認が得られなければ、みなさんのお時間をムダにするだけですから。今お目にかかれるでしょうか？

トム　（電話をとって）もしもし、ボブかい、トムだが。ＷＰＣのサム・イーストマンと話しているところだ。

新しい外装パッケージを試してみようと思うんだが。小売店で通路ディスプレイにも転用できるようにつくってあるものだ。試験的使用に君の同意がいるのだが、今一〇分ほど時間があるかい。……問題は採算がとれるかどうかだ。……ぼくもそう思っている。しかし実験的に少量で使ってみないとなんともいえない。そうなると予算がいるから君の承認が必要なんだよ。

（サムに向かって）試験使用するとして費用はどのくらいか、と言っていますが？

九千ドルから一万二千ドルとお伝えください。

（電話に向かって）九千ドルから一万二千ドルだそうだ。……わかった、ありがとう。

（サムに向かって）一万ドルまでなら承認すると言っています。その範囲でテスト使用が可能ですか？

大丈夫だと思います。テストに至らない場合、どういうことになるのでしょう

か？

トム　わたしとしてはとにかく市場への浸透度を深めたいという路線で進めていて、目下はおたくのパッケージがいいと思ったところなのです。テストできなかったらどこかほかをさがすでしょう。おたくがつくっているようなディスプレイ・パッケージが売上増につながるかどうかが知りたいので、一刻も早く試してみたいのです。

サム　もし、わたくしやほかの方の意見なしに、今すぐに決めなければならないとしたら、どこのメーカーを選びますか？

トム　べつに好みはありません。

サム　もともとご縁があって取引をご希望の方が業界他社のどちらかにいらっしゃいますか？

トム　いませんよ。ご存じかと思いますが、今パッケージをお願いしているメーカーさんは、こういう種類のものはつくっていません。もしつくっていたら、当然先にそちらに頼んだでしょう。この手のパッケージをつくるほかのメーカーさんとは話をしたことがあるにはありますがね。

サム　他に取引をお考えのところがありますか、それともありませんか？

トム　ありませんね。あればとっくに頼んでいますよ。

サム　発注時の手続きについて教えてください。

トム　わたしが期限や条件などを明記した購入申請書を書き、プロダクトマネジャーとCFOがサインします。サインが済んだら、購買部門に回します。購買部門が期間および条件を認めると、晴れて正式承認になります。もし認められないと、申請書がわたしのもとに戻され、今度は直接、購買マネジャーと交渉しなければならなくなります。

サム　ということはここで規定の手続きをすべて終えても、購買部門のほうから別のメーカーが候補としてあがることもあり得るわけですか？

トム　それはありません。信用照会が済み、技術的、経済的に注文に対応する能力がある限り、この仕事はあなたのところにお願いします。

サム　もし話が頓挫《とんざ》したら、あなたにとってはどういうことになるのでしょう？

トム　だれでもそうですが、寝ていて給料をもらうわけにはいきませんよ。生産性ゼロならばクビです。そうなるとさっきも言ったように絵では家族を養えませんからね。

サム　何か取引をためらう理由がありますか？――何かカバーしきれていないことは？――何かひっかかることがありますか？――いかがでしょう？

トム　いいや。実を言えば、あなたとは気持ちよく仕事をさせてもらっていますよ。金曜日のミーティングがうまくいけば、まず間違いなくこの仕事はあなたにお願いできるでしょう。
ただ、一つお願いがあります。サンプルをミーティング用に準備していただきたいのです。

サム　ほかのお客さまのためにおつくりした見本ディスプレイをお持ちしましょう。

サイズと形はだいたい先ほどのお話のものとほぼ同じです。ヘッダー部分にすでにできているアートワークを貼れば、説得力があるでしょう。マネジャーの皆さま方が、パッケージのコンセプトに合意されるかどうかを見てからでないと、サンプルをおつくりすることはできませんので。

トム　ミーティングの時点で完成したサンプルがあればそれに越したことはないのですが。

サム　お話が進むとはっきりわかってからでないとサンプルづくりはできかねます。お話が決まれば、サンプルも見積もりもよろこんでおつくりしましょう。

トム　わかりました。あなたの立場は理解できるし、論理も明快だ。

サム　どこか契約の妨げになりそうな、ひっかかるところがありますか?

トム　わたしのほうでは何もありません。すべてクリアーしていると思います。

サム　新しいタイプのパッケージが御社の求める水準をすべて満たしたら、いかがなさいますか?

トム　契約しましょう。

サム　結構です、では金曜日、午前中にまた。

金曜日

ミーティングで、トムはサムが用意したサンプルを、関係するマネジャー一人ひとりに自信あり気に見せた。パッケージのヘッダーにＥＧＰが示したアートワークのコピーを貼り付けたものである。試してみるだけの価値がありそうだという点で全員の意見が一致した。

ミーティング終了後、サムたちはトムのオフィスにもどった。

トム　アートワークのフォトコピーを持ち帰って、見積担当の方に見せてください。サンプル用に使ってくださって構いません。見積もりはいつごろ持ってきてもらえますか？

サム　水曜日の午後までにはお持ちします。しかしその前に、御社の【満足条件】を確定しなければなり……

トム　（さえぎって）【満足条件】とはどういう意味ですか？

サム　これが満たされなければ取引できない、という条件があると思いますが、そのすべてについて、とことん話し合う必要があります。

トム　なるほど、やりましょう。

サム　まず第一に、もしＷＰＣが御社の【満足条件】を満たした場合、いかがなさいますか？

トム　【満足条件】とは、価格と納期のことですか？

サム　それだけではなく、パッケージについてこれだけは譲れない、とお考えになっていることすべてです。

トム　もちろんこちらの要望がすべて満たされれば注文します。

サム　わかりました。（ノートをひろげる）まず値段です。今のパッケージに上乗せする金額の上限は単価二ドルまでとおっしゃいましたね。

トム　どうしてそれを？

サム　最初にお目にかかったときのメモからです。

トム　どうしてメモをとっているのかなと思いましたよ。几帳面《きちょうめん》でないといけませんね。

サム　肝心なのはお互い相手にどうしてほしいと思っているのかを知ることです。そうすれば勝負は二人勝ち、お互いに欲しいものを手にすることになりますからね。そのためには前もって大切なことを一つ一つ煮詰めていくのが一番です。

トム　そりゃいい。やりましょう。

サム　最初にお目にかかったとき、三カ月後にパッケージが欲しいと言っておられました。そのときからすでに二週間たっていますから、期限は一一週間後、と解釈してよろしいですね？

トム　正直に言えば、一〇週間後に納めてもらえるとありがたいのです。そうすると生産ラインの調整に時間的余裕ができるので。

サム　わかりました。一〇週間に変更しましょう。ただしそれ以上の短縮はいたしかねます。

見積もりをお持ちする際、組み立てたパッケージの実寸も添付します。たぶん今お使いになっているパッケージとは大きさが違うでしょう。しかし一パッケージあたり商品三〇個、という容量は変わりません。それでよろしいですか？

トム　標準サイズのパレットに二〇個収まれば結構です。

サム　それは問題ありません。ヘッダーのプリントは御社の色仕様に合わせ、偏差は工業規格の範囲内とします。よろしいですか？

トム　偏差の範囲は工業規格より四〇％縮めていただきたいですね。

サム　それは可能ですが、その場合印刷コストが約五割増しになります。偏差の範囲を縮めるために予算を増額されるお気持ちがありますか？

トム　いや、それでは採算が合わない。しかしもしＷＰＣが品質本意の仕事をするのなら、無条件でそれに近い偏差の範囲で仕上げてもらわねばなりません。

サム　弊社の社内基準は、実際にはそちらのご希望の数値よりも厳しく設定されています。

しかし工業規格は常に厳守しますが、社内基準の方は満たされない場合もあるのです。追加料金をいただいて特別の品質管理と社内規定による検査を施さない限り、工業規格以上のものは保証しないことにしております。いかがなさいますか?

トム　他社のセールスパーソンは、最低でも工業規格より六〇%は縮めると言っていましたよ。

サム　もしそのセールスパーソンが追加料金なしでその品質を保証するというのなら、そちらとお取引なさるべきです。

トム　信用できればそれを考えたでしょうね。追加料金を払うと言ったにもかかわらず、保証する様子がなかったのです。あなたははっきりものを言うところがいい。

「最高の品質のものを最低の価格でお届けします」という〝お約束〟はもううんざりなのです。

サム　それでいかがなさいますか?

トム　おたくの標準品質のものでよし、とするほかはないな。

サム　希望していないことを希望するという必要はないのですよ。

トム　いや、希望します。

サム　ほんとうにそれでよろしいのですか?

トム　大丈夫です、間違いありません。

サム　外装の色は何をご希望ですか?

トム　標準バフ紙の地にディープ・パープルと黒のプリントをお願いできますか?

サム　もちろんです。

トム　ヘッダーはもちろんホワイトの光沢紙です。

サム　承知しました。

トム　箱の厚みはどうなりますか？

サム　弊社のパッケージは御社が現在ご使用中のものより厚めなので、一つ一つが若干重くなります。見積もりに正確な厚さを記入します。それでよろしいですか？

トム　結構です。

サム　大きさ等の確認のため御社の商品を一ケースお借りできますか。見積もりと一緒にお返しします。いかがでしょう？

トム　よろこんでお貸しします。

サム　ではお支払いの件ですが。見積もりでは受注後三〇日以内に全体の三分の一、残金は納品後三〇日以内にお支払いいただくことになりますが、それでよろしいでしょうか？

トム　初回の請求書の名目を「段取り費用」、としていただければそれで結構です。

サム　それはわたくしのほうで気をつけさせていただきます。ほかに何か?

トム　パッケージ資材は標準パレット積載、透明なビニールでおおい、その上からヒモがけした状態でお願いします。積載後の高さが四八インチを越えないようにしてください。パレットはこちらで保管します。

サム　わかりました。ほかには?

トム　納品は期日二日前以降で、それ以上早い場合は受け取れません。遅れる場合は少なくとも一週間前に連絡を入れること。しかし言うまでもありませんが、初回の納品に遅れたら、後がないものと思ってください。

サム　承知しています。

トム　初回の組み立てライン設定時には、ＷＰＣの方に立ち会っていただきたい。

サム　パッケージの組み立て方をデモンストレーションするだけなら、三〇分で十分です。

トム　うちの現場をご存じないでしょう、わたしとしては三〇分で足りるとは思えないのです。いちおう半日ぐらいを予定していただけませんか。

サム　わかりました。最長半日までを予定しておきます。そんなにかからないと思いますが。

トム　もう一つあります。組み立てに今より時間がかからない、という点も重要です。

サム　弊社パッケージの組み立てにかかる時間が現在ご使用中のものと変わらない、ということをデモンストレーションすることは可能ですが、それでよろしいですか。

トム　わかりました。

サム　では、新しいパッケージの組み立てにかかる時間が現在ご使用中のものと変わらない、ということをあなたと現場の組み立て作業員のみなさんにお見せすれば、それでよろしいでしょうか？

トム　結構です。

サム　ほかに何か？

トム　もう何も思いつきません。

サム　トラブルの芽を前もってつんでおけるように、問題をいろいろ想定しているのですが。

トム　最初からずっとそうですね。でもあなたの言われる【満足条件】もそろそろ出尽くしたのではありませんか。

サム　何かお気づきの点がありましたら、水曜日になる前にお電話ください。

トム　もちろんです。ではまた水曜日に。

翌週水曜日、サムは茶色の紙につつんだ大きな四角いパッケージをかかえてミーティングに現れた。

トム　それがサンプルですか？

サム　そうです。見積もりもお持ちしました。その前に……

トム　（さえぎって）さきにサンプルを見せてください。

サム　サンプルをお見せする前に、見積もり通りのものになったかどうかの確認のため、【満足条件】を見直す必要があります。（ノートを出す）まず、初回のご注文は一万ドルを超えないこと。よろしいでしょうか？

トム　そのとおりです。

サム　現在ご使用中のものより一個につき二ドル以上高くならないこと。

トム　そうです。

サム　納期は一〇週間後。

トム　そうです、受け取りは期日二日前から期日当日までの間とします。

サム　承知いたしております。次に、パッケージ一個当たり商品三〇個を収納、パレット一台にパッケージ二〇個を積載すること。

トム　結構です。

サム　パッケージは折りたたんだ状態で、標準サイズ木製パレットに積載、透明ビニールでカバーしヒモがけでパレットに固定、積載時パレット高が四八インチを超えないこと。

トム　結構です。

サム　プリントの色は工業規格のフィデリティ（忠実度）を満たすものとすること。

トム　指定済みの色はそれでいいと思います。しかしヘッダーの四色刷りグラフィックのフィデリティについてはまだ話し合っていませんね。

サム　メモしておきます。この点に関しては、後であらためて話し合いましょう。箱の外装には標準バフ紙に黒とディープ・パープルのプリントをすること。

トム　そのとおりです。

サム　ヘッダー表面はホワイトの光沢紙を使うこと。

トム　そうです。

サム　重さですが、現在ご使用中のものよりも重くなることはご了承済みです。

トム　商品の収納量は同じ三〇個なのにどうして重くなってしまうのですか？

サム　このパッケージは単に荷物を出したら廃棄処分、という性質のものではなく、フロアにちゃんと直立しなければならない通路用ディスプレイでもあるからです。ヘッダーは買い物客の目線の高さに来なければいけません。ショッピングカートで押しのけられたり、踏まれたり、子どもがいじったりして簡単に倒されるものでは困るのです。

トム　なるほど。

サム　段取り費用として受注後三〇日以内に三分の一を申し受け、残金は納品後三〇日以内にお支払いいただくこと。

トム　結構です。

サム　わたくしないしＷＰＣの者が、組み立て作業員の方々にパッケージの組み立てと商品の入れ方をデモンストレーションします。

トム　少なくとも半日間。

サム　トム、「最長」半日、ということでご了解いただいたはずですが？

トム　しかしもし問題が生じたら？

サム　リストを見終わるまでは、先日の合意に沿って話を進めましょう。そのあとで変更点があればおっしゃってください。よろしいですか？

トム　了解。

サム　パッケージの組み立てにかかる時間が現在ご使用中のものと同じであれば作業時間上問題なし、ということでご了解を得ています。

トム　そのとおりです。

サム　結構です。以上が【満足条件】のリストです。リスト作成時から何か変更点、ないし追加をお考えの点があればおっしゃってください。

トム　一点だけ。今後同量を注文する場合の単価は現状のまま維持してもらいたいのですが。

サム　現時点では現状維持できると申し上げられます。ただし今後のご注文の際の価格についてはインフレ率に連動します。

トム　いや、つまりインフレ率より値上がり幅が大きくなるということはありませんか？

サム　どうしてそのようなご心配をなさるのですか？

トム　うちのＣＦＯが今回の注文につけた一万ドルという上限設定のためです。今回だけは価格を抑え、次回の注文から値上げ、ということも戦略上あり得るわけでしょう。

サム　ひとことの断りもなくわたくしがそういうことをするとお考えですか？

トム　あなたがするとは思っていませんが、WPCの経営方針がわからないので、そういうこともあり得ると懸念《けねん》するわけです。

サム　WPCにはそういう体質はありませんが、万が一そういう事態になったら、わたくしがまずはっきりそう申し上げます。

トム　だから心配するな、というわけですね？

サム　そのとおりです。ご心配にはおよびません。読み上げたリストは先日合意したとおりだったでしょうか？

トム　ええ。でもまだ二つ問題が残っていますね。

サム　その二点を双方が満足できる形で解決した場合はいかがなさいますか？

トム　今日中に購入申請書を書き、金曜日までには注文書をお渡しします。

サム　わかりました。ではさきほどの二点についてです。カラー・フィデリティのことですが、先日「色」について討議した際は、四色刷りの色も含めて「色」と呼んでいた、とわたくしは解釈しておりました。あなたはどうお考えでしたか？

トム　工業規格では「明度」については特に規定していないと思うのですが。

サム　こうすればいかがでしょうか。ふつうのフォトコピー用紙に、ここまでの暗さなら許せる、ここまでの明るさなら許せる、という二つの色見本をプリントしてください。それをお預かりしてその幅のなかで色を出すようにしましょう。二つの色見本が今回の基準となるわけです。

トム　それはいい。今すぐフォト担当者につくらせましょう。明度の偏差は五％までと保証してもらえますか？

サム　それはできません。七％までなら保証します。

トム　わかりました。七％まででこらえましょう。

サム　もう一つ、【満足条件】のリストで未解決だったのは、実際に組み立てラインで作業をなさる方のトレーニングにかかる時間です。

ご理解いただきたいのですが、万が一何かが起きた場合が心配です。何か間違いが起きて、わたくしどもに責任があれば、問題が解決されるまでだれかが必ず残ります。しかし新しいパッケージをラインに組み込んで動かすのに一時間以上はかかりません。もちろん前もって資材をその場にそろえ、ラインを空けておいていただくことは不可欠ですが。

トム　わかりました。しかし万一に備えて、ラインが動き出すまではあなたないしどなたかほかの方に立ち会っていただきたいのです。

サム　時間どおりにスタートしてくだされば立ち会いましょう。

トム　ありがたい、感謝します。

サム　これで【満足条件】を完全にカバーしたでしょうか?

トム　しましたよ。そろそろサンプルを見せてください。

サムは包装をといてパッケージを組み立てた。

パッケージは正方形で、上部が空いている。四つの側面には白地に黒とディープ・パープルでEGPのロゴと商品名が入っている。上部に立ち上がった白いボール紙のヘッダーは高さがおよそ一六インチ、四色刷りプロセス印刷のポスターをラミネートしたものが取り付けてあった。

トム　これはいい！　しかし高さが考えていたのとは違いますね。これはほとんど正方形だ。ヘッダーを立てたとしても、店の通路に置いて客の目線をとらえるには背が低すぎませんか。

サム　パッケージごと未開封の箱の上に置いてもらうのです。そうすれば高さが出せます。

トム　なるほどね。しかし在庫が残り一つになった場合はどうなるのですか？

サム　空き箱を一つとっておいてその上にのせればよいでしょう。

トム　なるほど簡単ですね。サンプルには白を使っていますが、コストを下げるため実際の生産ではバフを使うことになっていたのでは？

サム　それも一理あるのです。標準の重さなら、大量生産のバフのほうが確かにコストが安くなりますから。しかしこのようなディスプレイ・パッケージに使う重たいものになると、値段的にはあまり差がなくなります。白を使っても値段は総額のわずか二％増しです。

トム　見積もりは白で出したのですか?

サム　両方でやってみました。見積もりをごらんください。（見積書を渡して）段取り費用は二四〇〇ドル、初回二千個のご注文については白のほうで一つ当たり三・七二ドルになります。

トム　総額九八四〇ドルですか。ぎりぎり一万ドル以下ですね。これは運送費も含めてですか?

サム　もちろん送料込みになっています。もしバフを使えば、単価でおよそ二％程度安くなります。

トム　驚いたなあ。今使っている段ボール箱とわずか一・七八ドルしか差がないとは。

今後の注文は同じ単価で受けてもらえるのですか？　無論段取り費用もなく？

サム　ええ、そうです。もちろんインフレ率との連動、またサイズやアートワークの変更はしない場合に限るなどの条件はつきますが。ご発注後一〇週間後が納品期日になります。

トム　それでは、金曜日までに発注させてもらいましょう。【満足条件】は一つ一つすべて満たされていると思います。

四色刷りアートワークのサンプルをつくらせましょう。双方のサインがいりますからね。いっしょにランチに出ている間に二セット準備してもらえば、きょう持ち帰ることができるでしょう。

現場作業員のトレーニングは四時間ということで注文書に付記します。常識の範囲内で軌道に乗るまでは立ち会ってくださるということで個人的な了解はいただけますね？

サム　もちろんです。

トム　結構です。サンプルを頼んで、購入の申請をしてきます。そうしたらランチに行きましょう。今日からお世話になります。ありがとう。

〝どういたしまして〟

ジャック、君がいなければ、
この本はできなかった。ありがとう。

ニック

謝辞

本書の執筆に際し多くの方々からご助力をいただいた。なかでも友人でありかつてのビジネス・パートナーでもあるアントニー・ロスカルツォからは全編を通して影響を受けた。執筆当初に彼にもらった意見のおかげで本書の構成が固まり、その後もしばしば洞察にみちた助言を得て全体の流れと内容をひときわ充実させることができた。いろいろほんとうに感謝している、トニー。

ジェラルド・カプラン常務取締役からは本書の編集上、大きな助力を得た。ゲリー、この本のために多くの時間を割いてもらったことに心から感謝している。

バートン・パステルナークの最終チェックを経て本書が完成した。バート、君の助力に感謝する。

この本のためにご助力いただいたそのほかの多くの人々に心からお礼を申しあげたい。

何よりもセールスを現場で研究することを快諾してくれた多数のトップ・セールスパーソンたちに謝意を表する。彼らの協力があってはじめて本書が誕生した。

監修者あとがき――実践マーケッター　神田昌典

陳腐な表現になってしまうが、とにかくこの本はセールスに関する限り最強の本だろう。私はこの本をボロボロになるまで読んだ。そしてアメリカに二回行って、著者の一人、ジャック・ワース氏に会って来た。この人は本物だとの確信を持った。

「信頼関係」と「尊敬」に基づくビジネスがもっとも効果的である、というワース氏の発見は、ふつうのセールスパーソンにまったく新しいビジネスへの扉を開くだろう。

この本に書かれていることを実践すると、どうなるか？

まず売上げが上がる。そして営業からのプレッシャーから永遠に決別できる。

何より、本書はあなたの人生を変えることができる。

いままで営業経験のない方も、しっかり努力し訓練を積めばトップ営業マン並みの実力を発揮できるだろう。

私は、以前、外資系の家電メーカーの日本支社長として勤務していた。といっても、一人しか社員はいないから、要は「何でも屋」であり、とにかく売上げを上げなければならなかった。しかし、私はもともと役人だったから、何をどうやっていいのか分からない。
とにかく大規模な量販店と取引しなければならない。米国でMBA（経営学修士）を取ったが、そんな知識は、営業するための電話の前に座ったとたん、まったく役に立たないことを思い知った。

あなたも感じたことがないだろうか？　売り込みの電話をかけるときの嫌な気分。バイヤーはいま朝礼しているだろうから、「電話は午後にしよう」。午後になって電話すれば、相手が離席している。ホッとして、「明日また電話すればいいや」と先延ばしにする。

商談になって、値段交渉するときの緊張感。嫌われてはならない。ホステスのように、相手に話を合わせ、ご機嫌を取る。

こんな営業マンだったとき、私の人生は惨めだった。そんなとき、この本を手に取ったのである。

私は、おそるおそるこの本に書いてあるプロセスを学び、試してみた。すると、どうなったか？　大手の量販店との契約がバンバンとれるのである。信じられない。

私の人生は、一八〇度変わった。惨めなセールスマンから、いきなりスゴ腕セールスマンになったのだ。ウソのような本当の話だ。

この本は、いま流行の「心理学者によるセールス本」ではない。やってみるとわかるが、心理学者の方法論は正直、使えるようになるために、大変なトレーニングが必要になる。コーチングだの、ミラーリングだの、はたまた目の動きをみて、相手の心理状態を探るだの。最先端の技術を駆使するらしいが、その技術を学んでいるうちに日が暮れる。

臨床心理の知識は、患者を治療するためにある。営業マンの仕事は、見込み客を治療することではない。売れればいいのだ、売れば！

また、あなたはコンサルティング営業が重要だの、企画が重要だのと教え込まれてきたと思う。この本を読んだ後は、それらがすべて迷信だということに気づくであろう。本当に優れた営業マンは、提案書なんて書かない。契約書にハンコをつかせるだけである。

【高確率セールス】は、心理学者が書いた心理操作の本でもなければ、ＭＢＡが書いたキレイな提案書を作るための本でもない。実証主義に基づき開発されたセールスの方法論である。

ジャック・ワース氏は自分がセールスマンだったころ、約三〇業種、三〇〇〇人以上の全米のトップセールスマンに同行して、彼らが一体、どんなセールスをしているのか詳細に分析した。その結果、分かったことは、彼らは、通常の営業本に書かれていることとは、まったく違うことをやっていたのである。彼は始めから終わりまでの全プロセスを試し、そしてトップセールスマンになった。その真実をまとめたのが、現在、あなたが手にしている本である。

この本は、一回読んだだけでは、多分、理解できない。文章が難しいわけではないが、いままでのセールスのパラダイム（思考の枠組み）が違うから、腹に落ちるのに時間がかかる。

「もっとチャートとか入っていたほうが読みやすいのになぁ……」

「どうも日本の事情とは違うみたいで、読みにくいなぁ……」

【高確率セールス】は今までのやり方とはまったく違ったセールスプロセスである。そのため、チャートからは学べない。

「チャートからしか学べない」。そんなヤツは、もうこの本を読まなくていい！

セールスの本を一〇〇〇冊読もうが、一万冊読もうが、「高い効果を得る」という観点からみれば、【高確率セールス】に勝る本はない。しかも、この本のスゴイところは、セミナーにいかなければ、使えないという代物ではない。読んで、書いてあることウマくやりこなせば儲かる。このプロセスをマスターすることができれば、社内のヒーローになることは間違いない。

この本は、生涯にわたって、大事にすべきである。収入アップしたい人は、少なくとも七回読んでほしい。そして商談に行く前の電車の中で必ず読んでほしい。

ワース氏がこの本を書いてくれたおかげで、私は営業人生が楽しくなったし、しかも収入までアップした。ワース氏には、もう感謝の言葉しかない。

ワース氏にお会いしたときに、彼は、「とにかくセールスパーソンから苦悩を取り除いてやりたいんだ」と語っていた。私もこの本を、日本の全営業マンに紹介することを通じ、ワース氏の願望実現を少しでもサポートできたことを心より光栄に思う。

高確率セールスに関するお知らせ

本書はいわゆるハウツーものや、総合テキストとして書かれたものではありません。本書を読むだけで【高確率セールス】を習得する人もいますが、そう簡単なことではありません。【高確率セールス】を身に付けるには、本書を熟読し、トレーニングを通じて高度な対話訓練を積み重ねることが必要となります。

高確率セールスの「企業トレーニング」「公開セミナー」「個別コンサルティング」に関するお問い合わせ・お申し込みは、日本での代表者のマイルズ・サンキンまでご連絡ください。
（日本語・英語ともに可）

ホームページ：***http://www.highprobsell.com/japan***

Eメール：***japan@highprobsell.com***

【著者略歴】

ジャック・ワース（Jacques Werth）

ハイ・プロバビリティ社（創業1989年、全米セールストレーニングおよびコンサルティング会社）代表取締役社長。

同社は70を超えるあらゆる業界・数千人におよぶセールスパーソン、セールスマネジャー、コンサルタント、事業主、テレマーケターの研修を行っている。

全米でもっとも成功しているトップ・セールスパーソン312人のセールス・パフォーマンスを余すところなく観察・記録したのち、セールス史上初のまったく新しいセールスパラダイムを考案した。その手法はニューヨークタイムズ紙、アントレプレナー誌、サクセス誌をはじめとする、30以上の主要業界紙・雑誌各誌が絶賛する。

http://www.highprobsell.com

main@highprobsell.com

ニコラス・E・ルーベン（Nicholas E. Ruben）

法律および会計学を専攻。多分野の事業で社長職歴任後、経営幹部コンサルタントとなる。1991年から1996年までハイ・プロバビリティ社、取締役副社長を務める。現在、産業安全の専門企業において指導者として活躍中。

【訳者略歴】

坂本希久子（さかもと・きくこ）

1959年生まれ。上智大学外国語学部卒業。バベル翻訳外語学院修了。

イギリス滞在の後、一般書のリーディング・下訳多数を経て現在に至る。

【監修者略歴】

神田昌典（かんだ・まさのり）

実践マーケッター。上智大学外国語学部卒。外務省経済局勤務の後、ニューヨーク大学・経済学修士及びペンシルバニア大学ウォートンスクール・経営学修士（ＭＢＡ）取得。コンサルティング会社、米国家電会社などを経て、1998年株式会社アルマックを設立。コンサルティング業務を行なうとともに、全国3000社を超える中小企業が参加する「顧客獲得実践会」を主宰。自らの方法論を実践し結果を出すことを信条とし、参加者からの絶大な信頼を集めている。主な著書に『あなたの会社が90日で儲かる！』『もっとあなたの会社が90日で儲かる！』『口コミ伝染病』『非常識な成功法則』、監訳書に『あなたもいままでの10倍速く本が読める』、監修書に『ロバート・アレンの実践！億万長者入門』（以上フォレスト出版）がある。

【装　　丁】　川島進（かわしま・すすむ）　スタジオ・ギブ
【イラスト】　吉田雅博（よしだ・まさひろ）
【翻訳協力】　株式会社　トランネット　http://www.trannet.co.jp

売り込まなくても売れる！
―説得いらずの高確率セールス―

2002年11月18日　　初版発行
2002年12月16日　　5刷発行
著　者　ジャック・ワース　ニコラス・E・ルーベン
訳　者　坂本　希久子
監修者　神田　昌典
発行者　太田　宏
発行所　フォレスト出版株式会社
〒162-0814 東京都新宿区新小川町3－26
電話　03-5229-5750
振替　00110-1-583004

印刷・製本　(株)シナノ

ISBN4-89451-137-1　Printed in Japan